Ados : mode d'emploi

La Collection de l'Hôpital Sainte-Justine

pour les parents

Ados : mode d'emploi

Michel Delagrave

Éditions de l'Hôpital Sainte-Justine

Centre hospitalier universitaire mère-enfant

Catalogage avant publication de Bibliothèque et Archives Canada

Delagrave, Michel

Ados : mode d'emploi

Nouvelle édition revue et augmentée

(Collection de l'Hôpital Sainte-Justine pour les parents)

Comprend des réf. bibliogr.

ISBN 2-89619-016-3

1. Parents et adolescents. 2. Adolescence. 3. Adolescents – Attitudes. 4. Autorité parentale. 5. Adolescents – Discipline. I. Hôpital Sainte-Justine. II. Titre. III. Collection.

HQ799.15.D44 2005 306.874 C2004-942147-6

Illustration de la page couverture : Jean Morin

Caricatures (intérieur) : André-Philippe Côté

Infographie : Nicole Tétreault

Diffusion-Distribution au Québec : Prologue inc.
en France : CEDIF (diffusion) – Casteilla (distribution)
en Belgique et au Luxembourg : S.A. Vander
en Suisse : Servidis S.A.

Éditions de l'Hôpital Sainte-Justine (CHU mère-enfant)
3175, chemin de la Côte-Sainte-Catherine
Montréal (Québec) H3T 1C5
Téléphone : (514) 345-4671
Télécopieur : (514) 345-4631
www.hsj.qc.ca/editions

ISBN 2-89619-016-3

Dépôt légal : Bibliothèque nationale du Québec, 2005
Bibliothèque nationale du Canada, 2005

Le masculin est utilisé pour désigner les deux sexes, sans discrimination, et dans le seul but d'alléger le texte.

À mes deux fils,
Jean-Michel et Pierre-Luc,
qui m'ont beaucoup appris sur la vie et sur moi-même.
Avec toute ma tendresse de père,
je vous dis merci d'être au monde
et d'être devenus des adultes dont je suis très fier.

Remerciements

Plusieurs personnes ont joué un rôle significatif dans la parution du présent volume. Je tiens à remercier particulièrement Marie Berlinguet pour ses critiques constructives et pour la rédaction de la préface, Sabine Anctil qui a été une lectrice et une correctrice infatigable et très disponible, Isabelle Côté qui a joué le rôle de sage-femme tout au long de la gestation du livre et Michel Clermont qui m'a apporté un soutien sans réserve à toutes les étapes de sa réalisation. Pour ce qui est de la nouvelle partie rédigée à l'occasion de cette édition, je ne peux passer sous silence les noms de Michèle Lambin, travailleuse sociale, pour son soutien « acharné », de Claude Giroux, ainsi que de Luc Bégin, directeur des Éditions de l'Hôpital Sainte-Justine, pour leurs judicieux conseils, tant sur le fond que sur la forme de l'ensemble du livre.

Pour cette nouvelle édition, grâce à l'aimable autorisation de monsieur André-Philippe Côté, caricaturiste au journal *Le Soleil* de Québec, et de monsieur André Provencher, président-éditeur de ce même journal, nous avons pu ajouter cinq nouvelles caricatures aux huit que contenait déjà l'ouvrage. Je les en remercie. Pour sa part, madame Mira Falardeau, directrice des Éditions Falardeau, a aimablement autorisé l'utilisation d'une page tirée de la série de volumes intitulée *Baptiste*, série conçue par André-Philippe Côté. J'apprécie grandement cette générosité et je l'en remercie.

Note de l'éditeur

Les caricatures des pages 23, 33, 44, 46, 62, 66, 77, 148 et 149 sont d'André-Philippe Côté et propriété de l'auteur du livre.

Les caricatures des pages 90 et 117 sont reproduites avec l'aimable autorisation de monsieur André-Philippe Côté, caricaturiste au journal *Le Soleil* de Québec.

Les caricatures des pages 97, 111 et 131 sont reproduites avec l'autorisation de monsieur André Provencher, président et éditeur du journal *Le Soleil*, et de monsieur André-Philippe Côté.

La caricature de la page 41 a été reproduite avec l'aimable autorisation de madame Mira Falardeau.

Table des matières

Préface

Voici un livre qui risque d'inspirer bien des parents et des éducateurs. Comment aider nos adolescents, à un âge où ils prétendent ne plus avoir besoin de nous, les adultes ? Comment leur exprimer notre amour sans qu'ils rouspètent ? Comment les accompagner dans leur cheminement vers la maturité et l'autonomie ?

Pour répondre à ces questions, il faut d'abord comprendre ce qu'est l'adolescence, ce temps de grands dynamismes, de grands espoirs et de grands découragements. Il faut revenir à soi-même et se rappeler ses propres ambivalences, ses propres doutes et certitudes à la même époque ; le temps passe et, tout en demeurant les mêmes, les hommes et les femmes changent.

L'auteur présente ici en raccourci le phénomène de l'adolescence et rappelle aux parents des vérités qu'ils savent depuis toujours, mais qu'ils ont tendance à oublier lorsqu'ils se retrouvent devant les frasques de leurs jeunes.

Dans un style simple et direct, à partir de son expérience de travailleur social et de père, l'auteur donne aux parents diverses pistes de réflexion et d'action. Il affirme que tout en aimant leurs adolescents, les parents ont le droit et le devoir de les encadrer et de les diriger. En réalité, aimer ses enfants, c'est aussi leur mettre des limites lorsque c'est nécessaire. Cette affirmation peut paraître surprenante dans une société où la non-intervention est à la mode. Pourtant, si cet encadrement est souple et compréhensif, les jeunes le vivent comme une marque d'amour.

Toutefois, comment se fait cette supervision des adolescents, au quotidien ? Il ne s'agit pas seulement de comprendre. Il faut aussi agir et réagir.

L'auteur a le mérite de suggérer des moyens faciles et efficaces, basés sur des attitudes de respect et de bienveillance. Il présente des moyens, non des trucs. En effet, il faut du doigté et de la perspicacité pour agir auprès des adolescents – comme d'ailleurs auprès de toute personne.

Le lecteur peut lire l'ouvrage d'une seule traite, comme on prend un grand verre d'eau fraîche. Il peut aussi le lire et le relire par tranches, au besoin, quand vient le temps de se ressaisir face à ses adolescents pour mieux les comprendre.

Marie Berlinguet, Ph. D.
Travailleuse sociale

Introduction

Ce qui ressort, chez les parents d'adolescents en difficulté, c'est leur état de déroute et de perte de confiance dans leurs capacités parentales. Parce que leur jeune a des comportements nouveaux et déconcertants, ils sont portés à croire que l'expérience qu'ils ont accumulée jusqu'à ce jour ne leur est plus utile. Bien que les adolescents d'aujourd'hui se trouvent devant de nouveaux défis inhérents au contexte social, la dynamique de leur quête d'identité se rapproche en plusieurs points de ce que leurs parents ont vécu. Ces derniers oublient parfois qu'ils ont eux-mêmes été adolescents et, qu'à ce titre, ils en savent plus qu'ils ne le croient sur cette période de la vie.

L'adolescence est une étape de croissance importante, accélérée, au cours de laquelle le jeune apprend à se passer de plus en plus de ses parents. Devant ce désir croissant d'indépendance et face aux choix de l'adolescent, le parent développe facilement un sentiment d'impuissance. Plusieurs sont tentés de démissionner. Or, le fait de céder à cette tentation ne ferait que des perdants.

À l'instar de Virginia Satir, une travailleuse sociale très réputée, nous pensons que le « métier » de parent est un des plus difficiles à pratiquer. La tâche est compliquée, chargée d'anxiété, et elle demande énormément de patience, de sens commun, d'engagement et d'amour. De plus, n'oublions pas qu'au moment où le parent « enseigne » la vie à son jeune, il est lui-même en train d'apprendre à être parent. S'il est dans la quarantaine, peut-être remet-il même en question plusieurs des valeurs qu'il avait faites siennes jusque-là.

Il est normal que vous soyez parfois exaspérés et que vous vous posiez des questions. Si vous êtes en train de lire ce livre, c'est probablement que vous êtes à la recherche de réponses. J'espère que mes propos sauront vous rassurer et vous aider à mieux comprendre cette étape de votre vie familiale.

Quant au titre du volume, il reprend avec humour la réflexion spontanée faite par un adolescent après avoir lu quelques pages du manuscrit : « C'est un vrai mode d'emploi pour les parents ». Nous devons reconnaître que les enfants et les adolescents ne portent pas sur eux leur « mode d'emploi », comme une étiquette sur un vêtement. Le présent livre ne prétend pas proposer de recettes infaillibles. Cependant, les connaissances qu'il apporte sur l'adolescence, doublées de celles que vous avez déjà, sauront vous aider – je l'espère – à tirer profit des pistes de réflexion et d'action qui y sont présentées. Il revient donc à chacun d'établir son propre « mode d'emploi ».

La **première partie** du livre présente les grandes étapes de développement de l'adolescence ainsi que les principaux défis que le jeune doit relever. Elle donne aussi plusieurs pistes pour aider les parents à ne pas faire de cette étape de développement de leur jeune une « maladie de parents ». La **seconde partie** s'adresse aux parents en perte d'autorité qui, on doit le reconnaître, sont de plus en plus nombreux. Nous y proposons plusieurs éléments concrets pour aider ces parents à retrouver leur autorité et procurer ainsi une vie familiale saine à tous les membres de la famille.

Première partie

Un portrait de l'adolescence et des pistes de réflexion pour ne pas faire de cette période une maladie de parents

« L'adolescence est vraiment
une période de la vie qui est excitante,
enrichissante, voire exaltante… mais pour qui ?
Probablement pour les psychologues,
les thérapeutes, les travailleurs sociaux…
Pour les parents, c'est plutôt…
« Y vont-tu finir par avoir 18 ans ? »

Yvon Deschamps
humoriste québécois

CHAPITRE 1

L'ADOLESCENCE À GRANDS TRAITS

L'adolescence est une étape du développement au cours de laquelle il y a une remise en question profonde de l'identité déjà acquise. C'est une transformation qui aboutit à un sentiment plus personnel et différencié de son identité. C'est l'étape du « que vais-je devenir ? », du « je ne suis plus un enfant, mais quel adulte serai-je ? ».

Cette étape de croissance constitue un processus ayant un début et une fin. Il est bon de se le rappeler, surtout les jours où vous avez l'impression que l'adolescence de vos jeunes vous fait vieillir prématurément !

Cette période de changements accélérés s'étend généralement de 11 à 18 ans. Il est cependant difficile d'en établir la limite précise, étant donné le contexte social que nous connaissons. Que ce soit en raison d'études prolongées ou de la difficulté à trouver un emploi, la période de dépendance face à la famille se prolonge. On n'accède pas à l'âge adulte aujourd'hui comme il y a 30 ans. À cette époque, tout arrivait en même temps : le diplôme, l'emploi, le mariage et l'autonomie qui s'ensuivait. Actuellement, les jeunes acquièrent souvent leur autonomie par étapes, qui ne sont pas nécessairement synchronisées dans le temps.

L'imagerie populaire donne de l'adolescence une perception négative: «Notre monde a atteint un stade critique. Les enfants n'écoutent plus leurs parents. La fin du monde ne peut pas être très loin.»; «Cette jeunesse est pourrie jusqu'au fond du cœur. Les jeunes gens sont malfaisants et paresseux. Ils ne seront jamais comme les jeunes d'autrefois.»

La première des citations précédentes est attribuée à un prêtre égyptien et remonte à 2 000 ans avant Jésus-Christ! La seconde a été découverte récemment dans les ruines de Babylone sur une poterie d'argile datant de plus de 3 000 ans!

Dans les conversations de tous les jours, on associe constamment le mot adolescence au mot crise, comme si cette période de la vie du jeune devait nécessairement être une période tourmentée. Or, il n'en est rien. Un rapport récent du Conseil de la famille et de l'enfance affirme clairement que «la très grande majorité des adolescents traversent cette période de la vie loin de la crise majeure. Ils optent plutôt pour négocier avec leurs parents de plus en plus d'autonomie, d'indépendance, dans un monde qui change rapidement[1]». Les spécialistes, dont Richard Cloutier, sont généralement d'accord pour affirmer qu'environ 15% des adolescents éprouvent de grandes difficultés pendant cette période de leur vie[2]. C'est donc dire que la majeure partie d'entre eux (85%) traverse l'adolescence sans problème grave. Alors, quand on parle de l'adolescence comme d'une période très éprouvante, ne fait-on pas surtout référence aux parents d'adolescents? En fait, on traite de l'adolescence comme d'une période difficile en oubliant tout le côté exaltant, extrêmement intense et emballant qui fait partie de cette étape et qui la rend si attachante.

1. Conseil de la famille et de l'enfance. *Les familles avec adolescents, entre le doute et l'incertitude: rapport 2001-2002 sur la situation et les besoins des familles et des enfants.* Québec: Publications Québec, 2002, p. 31.

2. *Ibid.*, p. 59.

Caricature d'André-Philippe Côté.

Enfin, puisque l'adolescence n'est pas une maladie, peut-on, comme parents, s'assurer de ne pas la considérer comme telle ? Rappelons, à cet égard, le thème particulièrement évocateur d'un colloque ayant eu lieu il y a quelques années : « Franchir l'adolescence... un problème d'adulte ? ». Poser la question, c'était déjà amorcer une réponse.

L'adolescence est une période de la vie où l'opinion des autres compte beaucoup. Il y a beaucoup d'insécurité dans l'air. L'adolescent est particulièrement préoccupé par son image et se demande souvent s'il est aimé. C'est pourquoi on le retrouve si souvent devant un miroir, en train de se peigner pour la énième fois de la journée.

C'est aussi une période de grande affirmation de soi qui se manifeste souvent en étant plutôt « contre » que « pour », face aux adultes. C'est la façon qu'ont les adolescents de se tailler une place, de se faire une idée, de tester l'opinion des adultes autour d'eux. Françoise Dolto ne disait-elle pas : « Ma mère m'a aidée à savoir ce que je voulais à force de s'y opposer[3]. »

Comme quoi les désaccords et les différends entre adolescents et parents servent à quelque chose.

Une étape de développement en cinq temps

L'adolescent vit un développement accéléré et de profonds changements sur cinq plans : physique, intellectuel, psychologique, émotif et social. Il sera plus facile de saisir l'ampleur du chantier en construction si nous en faisons une brève présentation.

Mon Dieu qu'il a grandi !

La puberté se présente de plus en plus tôt. Certaines jeunes filles deviennent pubères dès l'âge de 9 ans et, chez certains garçons, le début de la puberté se situe vers l'âge de 11 ans. Par

3. Françoise Dolto. *La cause des adolescents*. Paris : Robert Laffont, 1988. p. 80.

ailleurs, « près de quatre filles sur cinq, à cet âge (13 ans) rapportent qu'elles ont eu leurs premières menstruations[4] ». Cela entraîne des changements physiques marqués et accélérés qui sont déstabilisants pour l'adolescent : qu'il s'agisse de changements dans la taille, le poids, les proportions des différentes parties du corps ou encore du développement des caractéristiques sexuelles.

L'adolescent, garçon ou fille, a tout un travail d'intégration à faire en ce qui concerne l'image qu'il a de lui-même. Il doit faire le deuil de l'image de son corps d'enfant pour intégrer l'image de ce nouveau corps qui n'en finit plus de se transformer sur une période de plusieurs mois. Ce déséquilibre entre le corps enfant et le corps adulte est difficile à vivre.

Il s'agit d'apprendre à s'accepter avec son corps tel qu'il devient. On revient à l'insécurité et à la grande préoccupation de l'image extérieure dont on parlait plus haut. On comprend mieux alors la difficulté que peut représenter, par exemple, l'acné juvénile. Il est difficile de vivre avec un corps en mutation, en déséquilibre.

De plus, apprendre à composer avec la fonction sexuelle, une nouvelle fonction qui aura une si grande importance pour le reste de sa vie, n'est pas une tâche qui se réalise en quelques semaines. Or, ce qui se passe, c'est que les changements *physiques* se terminent bien avant la fin des changements *psychologiques* associés à l'adolescence. Biologiquement, presque dès le début de l'adolescence, les jeunes sont en mesure d'exercer des fonctions sexuelles complètes, y compris celle d'engendrer la vie, mais sans avoir la maturité qui devrait accompagner cet événement. Corps d'adulte, maturité d'enfant, ou presque. On voit où le bât blesse.

---

4. *Enquête sociale et de santé auprès des enfants et des adolescents québécois - 1999*. Québec : Institut de la statistique du Québec, 2002. p. 291.

Comprendre le monde... et rêver de le changer

Sur le plan intellectuel, l'adolescent se découvre de nouvelles capacités. Il apprend à jouer avec les idées et s'exerce vraiment à le faire; certains appellent cela du jogging intellectuel. La capacité de conceptualiser l'amène à des niveaux jamais connus auparavant. Il peut tout remettre en question dans sa tête et prendre un recul par rapport au monde et à la vie, ce qu'il ne pouvait faire auparavant.

C'est l'époque des grandes causes à défendre, des grands principes, des grandes questions sans réponses vraiment satisfaisantes. Il s'agit d'interrogations auxquelles nous ne trouvons pas nécessairement une réponse une fois adultes, mais avec lesquelles nous apprenons à vivre, ou pour lesquelles nous renonçons à trouver une réponse.

L'adolescent manque souvent de réalisme dans son discours et son raisonnement. Et il ne se rend pas compte que son point de vue sur ceux qui l'entourent est biaisé par son âge. À titre d'exemple, un jeune adulte, pas tout à fait encore sorti de sa vision adolescente, faisait sur son père une réflexion amusante et très typique : « Quand j'avais 15 ans, disait-il, je trouvais mon père extrêmement con. À 20 ans, je le trouve pas mal moins con. C'est incroyable comme il a changé en cinq ans ! » Comme quoi, *un point de vue*, faut-il se le rappeler, *c'est aussi une façon de ne pas voir*. Cependant, au fil des mois et des ans, le jeune apprend à se faire des opinions de plus en plus personnelles. Bref, il passe du « agir avant de penser » au « penser avant d'agir ».

La vie en perspective

Chez l'adolescent, la principale caractéristique du changement psychologique, c'est le changement de perspective à l'égard de la vie menée jusque-là. Il développe une capacité à prendre une distance face à ses parents et à l'éducation qu'il a reçue, et à porter un jugement personnel à leur sujet. Il est capable de réinterpréter son passé et sa relation avec ses parents. C'est comme si, en plus d'être acteur de sa vie, il en devenait aussi l'observateur. Il faut voir là le signe irréfutable que le jeune n'est plus un enfant. On peut donc parler d'une conscience nouvelle de sa vie passée et de l'avenir qu'il anticipe.

C'est aussi l'heure des jugements sans nuance. Il est alors très souhaitable que les parents aient une bonne réserve d'estime de soi, car il se peut que, du jour au lendemain, tout ce qu'ils ont fait pour leur enfant ne semble plus valoir très cher. C'est que l'adolescent doit faire un autre deuil, celui de l'image qu'il a de ses parents, depuis qu'il est tout petit. Il les découvre autrement, en percevant plus leurs limites que leurs forces, c'est-à-dire le contraire de ce qu'il voyait avant. Il doit aussi faire le deuil de la toute-puissance qu'il accordait à ses parents et cela le renvoie à lui-même, à ses propres forces et faiblesses. De plus, c'est maintenant l'adolescent lui-même qui règle la distance entre lui et les autres, et non plus ses parents.

Aller jusqu'au bout

Sur le plan affectif, nous observons une grande instabilité, des changements d'humeur instantanés et sans raison apparente. L'adolescent est à la recherche de sensations fortes. Il a le goût du risque, d'aller à la limite de ses capacités, de faire des excès de vitesse en ski ou en automobile, ou encore de se « défoncer » avec de l'alcool ou des drogues. Pour une majorité de jeunes, c'est aussi la découverte bruyante et exaltante de la musique. Celle-ci peut répondre à des besoins divers : communiquer avec ses amis, s'exprimer (particulièrement s'il en joue), s'évader ou se distinguer des adultes. C'est le temps des idoles. Les goûts se précisent.

L'adolescent est avant tout intense : grandes peines, grandes joies. L'adolescent apprend ainsi à goûter, puis à gérer progressivement le monde des émotions. Il découvre des sentiments nouveaux d'amitié et d'amour, à un degré jamais vécu auparavant.

Être « en gang »

En fait, l'adolescent veut être traité comme un adulte, confondant grandeur physique et maturité psychologique. Sa principale activité, surtout entre 13 et 16 ans, c'est d'être « en gang ». Il veut, en même temps, se *distinguer* de ses parents et se *conformer* aux normes de ses amis. Nous y reviendrons plus loin.

Bref, sur les plans physique, intellectuel, psychologique, affectif et social, l'adolescent vit des changements accélérés qui s'entrecroisent et s'influencent. Cela l'amène à ressentir une grande fragilité, un grand dénuement. Françoise Dolto compare l'adolescent au homard qui doit perdre sa carapace pour grandir. Pendant la période où le homard se défait de sa vieille carapace et s'en construit une autre, conforme à sa nouvelle taille, il est d'une extrême vulnérabilité. Ainsi en est-il de l'adolescent.

Devenir quelqu'un : tout un contrat !

Pour parvenir à l'âge adulte, l'adolescent doit réaliser nombre de tâches. Il doit notamment apprendre…

- à accepter son corps disproportionné et boutonneux ainsi que ses déséquilibres affectifs ;
- à se faire accepter par les autres adolescents, à s'affirmer face à eux, bref à se débrouiller avec la pression sociale ;
- à développer son jugement personnel ;
- à dire ce qu'il pense ;
- à faire usage de sa liberté nouvelle ;

- à devenir une femme ou un homme sexué avec tout ce que cela comporte comme apprentissage, incluant l'identification de son orientation sexuelle ;
- à vivre l'intimité dans ses relations ;
- à chercher le sens de son existence, à se fixer des buts, à s'interroger sur ce qu'il veut faire pour gagner sa vie, bref à devenir autonome.

Cette énumération, même incomplète, permet de mesurer l'ampleur du chantier. Ces diverses tâches peuvent se regrouper sous trois notions-clés qu'il importe de bien saisir si l'on veut comprendre la dynamique de tous ces changements. Ces trois notions sont la *recherche d'identité, la socialisation et la quête d'autonomie.*

Qui suis-je ?[5]

La recherche d'identité est de loin le processus dynamique qui caractérise le plus l'adolescence. Certains parlent de crise d'identité, d'autres d'interrogation profonde. Il n'est toutefois pas nécessaire qu'il y ait crise pour que le processus réussisse. L'adolescence est essentiellement une remise en cause de sa propre identité par le jeune lui-même ; c'est un cheminement au cours duquel l'adolescent doit faire plusieurs deuils quant aux images de toute-puissance qu'il a eues de ses parents et quant à sa propre image ; deuil aussi de son enfance et de ses anciennes certitudes. Il s'agit d'un processus de séparation et d'individualisation qu'il vit à l'égard de son entourage : il doit se reconnaître comme singulier, différent, avec un sexe, des émotions et des raisonnements qui se distinguent de ceux des autres.

5. Une partie des propos sur la recherche d'identité s'inspire de conférences du docteur Michel Lemay, éminent pédopsychiatre.

L'adolescent fait face à des interrogations fondamentales : Qui suis-je ? Que fais-je ? Qu'est-ce que je veux ? Avec qui est-ce que je veux faire des choses et au nom de quoi ?

Selon le pédopsychiatre Michel Lemay, l'identité est précisément la somme des réponses que l'adolescent parvient, au fil des ans, à donner à ces questions. Vers l'âge de 9 ou 10 ans, les questions de fond ne sont pas très élaborées et les réponses que le jeune y apporte sont simples ou en conformité avec celles des adultes de son entourage. À 15 ans, les réponses ne sont plus aussi simples et conformes. Le phénomène pubertaire vient tout bouleverser. Les changements ne se limitent pas aux organes génitaux ; c'est la philosophie et la psychologie de l'adolescent qui se modifient. La vision du monde qu'on lui a transmise ne le satisfait plus. Il veut s'en développer une nouvelle.

Il s'interroge sur l'amour, la souffrance, la mort, l'amitié, la sexualité, le mariage, le divorce, la contraception, l'avortement, le plaisir, la drogue, la religion, la mondialisation, l'environnement, etc.

Rappelez-vous le plaisir que vous avez trouvé, au cours de votre adolescence, à discuter avec vos amis pendant des heures et des heures de tous les sujets. On a le sentiment qu'on peut défaire le monde et le refaire en une soirée.

L'adolescent est en évolution constante sur tous les sujets qu'il aborde. Il est donc important de ne pas paniquer si la solution qu'il trouve à l'un ou l'autre de ces problèmes existentiels n'est pas celle que vous souhaiteriez.

Une des façons de se faire sa propre idée, c'est de la tester auprès de son entourage, à commencer par ses parents, souvent en émettant une opinion-choc. Pour le jeune, émettre ce genre d'opinion en présence de ses parents comporte plusieurs avantages : s'affirmer, les faire réagir et, enfin, connaître leur opinion sans avoir à la demander. On se définit toujours à partir de quelqu'un, d'un modèle auquel on adhère ou que l'on rejette, en tout ou en partie. Si l'adolescent n'a personne de clairement identifié à qui se frotter, il risque d'avoir beaucoup de difficulté à se définir lui-même.

Le docteur Lemay illustre le processus d'identité en évoquant le jeu de saute-mouton : celui qui saute doit s'appuyer sur quelqu'un de solide pour se propulser vers l'avant. Si la personne sur laquelle il s'appuie s'écroule, il culbute. C'est la même chose entre parent et adolescent. Quand votre adolescent vous tend une perche pour savoir ce que vous pensez, n'hésitez pas à annoncer clairement vos couleurs. Il a besoin de cette opinion comme point d'appui pour faire la sienne. Même s'il ne l'adopte pas, cela lui est très utile. Pour lui, ne pas penser comme ses parents, c'est faire un pas en avant ; en tout cas, c'est certainement mieux que de ne pas avoir d'opinion du tout. Si vous annoncez vos couleurs, cela ne signifie pas pour autant que vous allez écraser l'autre avec ce que vous pensez et l'obliger à penser comme vous. Tout est dans la manière de le faire.

Dans le processus enclenché pour se sentir reconnu, l'adolescent a besoin d'être traité comme une personne intelligente. Commencez par lui demander ce qu'il ou elle pense avant de lui donner votre opinion. S'il peut faire valoir la sienne et avoir le sentiment d'être vraiment compris, il sera plus disposé à connaître votre point de vue et, par le fait même, à en comprendre le bien-fondé.

L'adolescent a surtout besoin de sentir une acceptation de votre part ; cela veut dire que vous devez lui permettre de formuler ses idées et d'exprimer ses émotions sans les juger ni les condamner parce qu'elles seraient différentes des vôtres. Acceptez qu'il puisse se tromper. Il ne sert à rien de le contredire constamment et de toujours lui démontrer qu'il est dans l'erreur. Il est en période d'apprentissage !

La tolérance constitue la première étape vers l'acceptation, attitude essentielle pour qui veut cultiver un environnement harmonieux. La famille n'est-elle pas un terrain magnifique pour la pratiquer et en récolter les fruits ?

Leurs valeurs : pas si éloignées de celles des parents

Une des tâches importantes de l'adolescent dans sa recherche d'identité consiste à identifier les valeurs qui sont les plus importantes pour lui. Nos comportements reflètent nos valeurs et démontrent nos véritables choix. Comme l'affirme le sociologue Jacques Grand'Maison, « Il y a toujours des transmissions et il est plus sage de s'interroger sur leurs contenus et sur leurs modes de communication[6] ».

Les jeunes ont besoin d'adultes qui n'ont pas peur d'affirmer les valeurs dans lesquelles ils croient et ce qui les pousse à agir dans la vie. « S'il est des propositions qui nous tiennent à cœur, des convictions ou des certitudes qui nous font marcher, des actes de foi qui nous ont libérés, mettons au moins autant d'audace que d'humilité à les dire et à les vivre... Quand tout est à inventer, rien ne s'invente et tout se copie. Soyons dès lors aussi heureux de les voir nous imiter que de les voir se singulariser... même si c'est en nous critiquant ![7] »

Les jeunes, même s'ils ne le laissent pas voir, sont très sensibles aux discours et aux exemples des adultes qui les entourent (parents, professeurs, éducateurs). S'ils critiquent ouvertement vos valeurs en votre présence, c'est tant mieux : ils sont en train de se définir, d'opter. Sachez que ces choix ne sont pas définitifs. Ils évoluent avec le temps. Nombreux sont les adolescents qui adoptent finalement une bonne partie des valeurs des

6. Jacques Grand'Maison. *Le drame spirituel des adolescents.* Montréal : Fides, 1992, p. 95.

7. *Ibid.*, p. 96.

Caricature d'André-Philippe Côté.

parents: « On finit par se rendre compte qu'on a pris bien des idées... des convictions de nos parents, de nos profs...[8] » Mais heureusement qu'ils ne les adoptent pas toutes. L'humanité n'aurait ni cheminé ni progressé si les enfants avaient toujours adopté toutes les valeurs de la génération précédente.

Bien que les adolescents s'interrogent sur les valeurs auxquelles adhèrent leurs parents, ils ne les remettent pas toutes en question.

Selon une recherche intitulée *Au-delà des apparences*, les adolescents semblent trouver prioritaires les valeurs suivantes: d'abord, « non pas la liberté en elle-même, mais la liberté assortie de responsabilité personnelle (88 %). Ensuite, le respect de la dignité de chaque personne, l'action pour la justice et l'empathie. Viennent ensuite la liberté individuelle, le respect des droits de chacun et de chacune, et la responsabilité personnelle eu égard à la paix». En somme, poursuivent les auteurs, pour les jeunes « les symboles de réussite dans la vie ce sont les valeurs de la famille unie et du succès dans le travail qui dominent comme choix, au détriment de l'argent et du pouvoir, pourtant largement valorisés dans la société actuelle[9]». « Ces dernières années, toutes les études et les enquêtes montrent que les jeunes croient à la famille et souhaitent un jour fonder la leur[10]. » Rappelons que « selon l'enquête de Cloutier et de ses collaborateurs, publiée en 1994, près de 70 % des adolescents ne demandent aucun changement majeur dans la relation qu'ils ont avec leur mère et 60 % ont la même attitude envers leur père[11]». C'est donc dire que la transmission des valeurs

8. *Ibid.*, p. 95.

9. Christine Cadrin-Pelletier et al. *Au-delà des apparences... : sondage sur l'expérience morale et spirituelle des jeunes du secondaire.* Québec: Ministère de l'Éducation, 1992. p. 73-74.

10. Conseil de la famille et de l'enfance. *Op. cit.*, p. 45.

11. Conseil de la famille et de l'enfance. *Op. cit.*, p. 45.

parents-enfants se fait bien chez une grande partie des ados. Voilà qui devrait en encourager plusieurs.

Sur le plan de la consommation et de l'accumulation de biens matériels, on retrouve bien sûr une bonne proportion de jeunes qui ont adopté la société de consommation sans se poser de questions (tout comme nombre d'adultes) et qui consacrent beaucoup d'énergie à l'habillement (vêtements griffés) et à l'achat des derniers gadgets, sources présumées de bonheur. Cependant, il existe une proportion croissante de jeunes qui sont soucieux de l'environnement, qui contestent cette société de consommation en pratiquant ce qu'il est convenu d'appeler la « simplicité volontaire ».

Pour une majorité de jeunes, le rapport au temps est différent de ce qu'il était pour les générations précédentes. En effet, ces jeunes sont davantage tournés vers l'importance de bien vivre le moment présent. Il leur apparaît primordial de ne pas remettre à plus tard des expériences qu'ils tiennent à vivre *maintenant*. C'est le *carpe diem*. À titre d'exemple, on peut facilement constater le nombre impressionnant de jeunes qui prennent des années « sabbatiques » avant même d'entrer sur le marché du travail ou de terminer leurs études. Plusieurs se sentent citoyens du monde et ne veulent pas attendre la trentaine pour explorer la « planète bleue ». En ce sens, ils ne sont pas pressés de rechercher la sécurité d'un emploi et ils sont un bon nombre à choisir de rester dépendants de leurs parents plus longtemps ; cela ne fait pas toujours l'affaire des parents qui ne voient pas le moment où ils n'auront plus à jouer le rôle de pourvoyeur. Et lorsque les jeunes se cherchent un emploi, ils sont davantage préoccupés par les conditions de travail qu'on leur offre ; ils recherchent souvent la qualité de vie au travail, quitte à avoir de moins bonnes conditions salariales. « Je profite de la vie maintenant », voilà le leitmotiv de cette génération. La semaine de travail de

70 heures ne correspond pas du tout à leur style de vie. Par ailleurs, les valeurs fondamentales qui les animent sont très proches de celles de leurs parents. « Les jeunes valorisent l'institution familiale, c'est-à-dire la stabilité, l'amour, l'engagement amoureux et la recherche conjointe du bonheur[12]. »

Il convient donc d'être patient en ce qui concerne cette recherche de valeurs de votre jeune. Soyez assuré que si vous lui proposez un haut standard de valeurs, il en profitera toute sa vie, même s'il est difficile de savoir à court terme si la semence a pris racine. Rappelez-vous que vous avez vous-même gardé les valeurs de vos parents qui vous convenaient et mis de côté les autres.

Devenir amoureux... « sans peur et sans reproche »

Au fil de cette recherche d'identité apparaît toute la question de l'identité sexuelle. En ce siècle, que signifie devenir un homme ou une femme ? Comment se retrouver dans les valeurs véhiculées par les amis et la société et dans celles transmises par les parents ? À ce sujet, votre adolescent doit relever des défis nouveaux en ce qui concerne les conditions entourant sa sexualité. Pensons simplement à ces éléments :

- la quantité croissante des sources d'érotisation dans notre société : télévision, publicité, cinéma, vidéo, Internet, etc. ;
- la modification des valeurs par rapport à la sexualité : tolérance accrue face à la masturbation, aux relations sexuelles précoces, à l'homosexualité ;
- la normalisation des moyens contraceptifs ;
- le droit à l'avortement ;
- les maladies transmises sexuellement ;

12. Propos de Gilles Pronovost, membre du Conseil scientifique de la Chaire sur les jeunes, de l'INRS-Urbanisation, « Culture et société » dans la Revue *RND* 2003 101 (2) : 21.

- la menace de mort qui pèse maintenant sur les relations sexuelles dites non protégées.

De nos jours, avant de parler aux adolescents des beautés et de la grandeur de l'amour, on leur parle des dangers qui y sont associés. Au lieu de relier la notion d'amour à la confiance avec quelqu'un, on leur propose plutôt la méfiance comme meilleur moyen de se protéger. L'adolescent doit vivre dans cette situation ; nous aussi, comme parents. Il se peut que nos vieilles recettes méritent d'être réexaminées avant d'être transmises à la génération suivante.

Pour tous les adolescents, l'actualisation de la sexualité passe nécessairement par la reconnaissance de leur orientation sexuelle qui est « définie en fonction du sexe des personnes (hommes, femmes ou les deux) pour lesquelles nous éprouvons de l'attirance et de l'affection, tant physique qu'émotionnelle[13] ». Pour une partie d'entre eux, la découverte de désirs envers des personnes du même sexe est très troublante. Sur ce plan, il est important de savoir que, comme parent, vous n'avez pas à vous sentir responsable de l'homosexualité de votre jeune, pas plus que vous n'êtes responsable de votre hétérosexualité. Sur cette question, il n'y a que lui ou elle qui sache ce qu'il ressent en accédant à l'âge adulte. Vous n'avez pas d'emprise sur les désirs sexuels de votre adolescent. On ne choisit pas son orientation sexuelle pas plus qu'on ne la décide.

À l'adolescence, avant de reconnaître leur propre identité, plusieurs jeunes vivent des expériences homosexuelles et hétérosexuelles. Certains découvrent qu'ils ressentent de façon prédominante des désirs pour les personnes du même sexe. Si vous vous sentez coupable de cette orientation sexuelle prise par votre jeune et voulez la changer à tout prix, vous adoptez

13. Santé Canada. « L'orientation sexuelle, c'est quoi au juste ? » www.hc-sc.gc.ca/hppb/vih_sida/jeune/premiers/quoi.html

l'attitude la moins utile pour lui. La peur du rejet des autres, à commencer par les parents, amplifie beaucoup la difficulté de s'accepter comme homosexuel. Si votre jeune vous confie qu'il est homosexuel, est-il possible, au-delà d'une première réaction très légitime de désarroi, de voir dans un deuxième temps cette révélation comme une grande marque de confiance qu'il vous accorde ? Étant donné que vous ne pouvez rien y changer et lui non plus, ce que vous pouvez faire de mieux, c'est d'en arriver à l'accepter tel qu'il est et de lui apporter le soutien dont il a grand besoin.

Les garçons et les filles ont une approche différente de la sexualité. Chez le garçon, l'instinct sexuel connaît assez rapidement une grande intensité et son désir de l'assumer l'amène à vouloir dépasser plus rapidement sa peur de l'autre sexe par des expériences orientées davantage vers le « peau à peau » que vers le « cœur à cœur ». C'est pourquoi, pour lui, le flirt n'est qu'un premier pas vers une expérience sexuelle plus complète.

Pour la fille, la sexualité a des particularités et une intensité différente. Pour elle, l'amour sentimental occupe plus de place. La quête de plaisir s'inscrit souvent dans un échange de mots tendres, de marques d'attention et de confidences. L'adolescente explore à sa manière l'univers de la séduction. Ce n'est qu'une fois apprivoisée sa capacité de plaire que la jeune fille développe d'autres types de rapports amoureux.

En ce qui a trait à l'âge de la première relation sexuelle, « la recension de 29 études québécoises menées auprès de jeunes en milieu scolaire révèle que l'âge moyen de la première relation sexuelle avec pénétration vaginale se situe à 15 ans[14] ».

14. *Enquête sociale et de santé auprès des enfants et des adolescents québécois – 1999*. Québec : Institut de la statistique du Québec, 2002. p. 294.

Le processus de recherche d'identité amène donc l'adolescent à se distinguer psychologiquement de ses parents et, par conséquent, à créer une distance entre lui et eux. Le processus de socialisation, lui, contribue en plus à créer une distance *physique* entre l'adolescent et ses parents.

Y a-t-il une place pour moi dans le monde ?

La socialisation, c'est l'acquisition des outils nécessaires pour fonctionner dans notre société. Ce processus commence très tôt dans la vie, dès qu'une personne entre en contact avec d'autres, et cela ne s'arrête jamais. La finalité de ce processus, c'est d'arriver à un équilibre qui n'est jamais complètement achevé puisque la vie nous propose régulièrement de nouvelles relations.

La famille est au cœur de cet apprentissage. C'est là que l'enfant apprend comment se comporter avec les autres, et cela se fait souvent par le non-verbal et par l'imitation. Les jeunes développent leurs habiletés à faire des « transactions sociales ». Ils découvrent progressivement les raisons qui incitent les autres à agir ; ils apprennent aussi comment et quand interagir. Bref, à partir de cette *petite* société, l'enfant apprend plusieurs règles de la *grande* société. L'école lui donnera l'occasion de saisir d'autres enjeux qui enrichiront son apprentissage de base.

À l'adolescence, le processus de socialisation prend une nouvelle dimension. Jusque-là, l'enfant a appris comment se comporter en public sous la supervision assez étroite de ses parents. Maintenant, il multiplie de plus en plus les expériences en dehors de la famille pour étendre sa socialisation sur une grande échelle. Ce n'est plus d'abord et avant tout l'approbation des parents qui compte, mais bien celle du groupe d'amis.

Pour se réaliser, le jeune doit sortir de sa famille et se construire une vie sociale autonome. Vouloir empêcher ce mouvement peut lui créer de sérieux préjudices et susciter de nombreux conflits. Il faut au contraire encourager et soutenir les tentatives qu'il fait pour établir des contacts avec l'extérieur.

Un adolescent qui a très peu de contacts avec l'extérieur est habituellement plus inquiétant qu'un adolescent presque constamment en lien avec les autres.

La famille : importante, oui, mais...

Tout au long de l'enfance et jusqu'au début de l'adolescence, les parents sont les personnes les plus importantes pour le jeune. Ils sont en même temps son point de référence et sa principale source d'affection. Il en est d'ailleurs en tous points dépendant.

À l'adolescence, les jeunes réévaluent l'importance qu'ils accordent à leurs parents et à leurs amis. Ils développent plus leurs relations en périphérie de la famille. Ce sont ces relations qui les attirent le plus et qui mobilisent le plus clair de leur temps. La cellule familiale demeure importante, mais les jeunes considèrent ces liens comme de l'acquis. Ils consacrent donc peu d'énergie à les maintenir. Ils préfèrent conquérir l'affection de personnes à l'extérieur du cercle familial. Voilà une des raisons pour lesquelles les jeunes sont souvent si gentils avec les voisins et si moches avec leurs proches.

Malgré les nombreux changements de structure vécus dans une famille, celle-ci garde une importance réelle quand vient le temps d'aborder certaines questions comme celle relative à l'orientation professionnelle. En effet, dans une recherche menée en 1995, « les étudiants ont mentionné que leurs parents demeuraient les personnes les plus importantes pour discuter de leurs projets scolaires et professionnels, même si les parents ont le sentiment de n'exercer qu'une influence indirecte[15] ». Selon une

15. Conseil de la famille et de l'enfance. *Op. cit.*, p. 52.

Jusqu'où peut aller le désir de l'ado de ne pas ressembler à son parent ! Bande dessinée tirée de *Bon voyage, Baptiste,* Soulières éditeur, 1999, p. 24. Reproduit avec l'autorisation de Mira Falardeau.

autre recherche, ils en discutent deux fois moins souvent avec les membres du personnel scolaire (14,8 %)[16]. Par ailleurs, les jeunes se tournent en majorité (65,2 %) vers leurs camarades pour discuter de leurs relations interpersonnelles et des questions sociales. Ceci nous amènera bientôt à parler de l'importance des amis à l'adolescence.

Qu'on le veuille ou non, les jeunes changent la relation qu'ils ont avec leur famille et il vaut mieux que les parents s'y attendent. Ceux qui ont centré toute leur affection sur leur enfant et qui lui accordent tout leur intérêt ressentent beaucoup d'ingratitude. Ils ont alors tendance à retenir l'adolescent, à le ralentir et même à empêcher sa quête. La saine distance que prend le jeune par rapport à la famille s'établit alors dans un climat de blâme presque continuel au lieu de se faire dans un climat d'encouragement. Les parents doivent y voir l'aboutissement de l'éducation qu'ils ont donnée à leur jeune et qui devrait viser d'abord et avant tout à le rendre autonome. Si le jeune a une vie sociale très développée et démontre à ses parents qu'il a de moins en moins besoin de leur présence, ceux-ci ne devraient-ils pas considérer cela comme un hommage à l'éducation qu'ils lui ont donnée ? Plus les parents cherchent à contrôler, de façon excessive, les allées et venues de leur jeune, plus ils l'incitent à fuir à l'extérieur.

Certains parents sont portés à voir les groupes de jeunes comme des entités opposées au monde adulte. Pourtant, comme nous l'avons vu précédemment, plusieurs valeurs véhiculées par les jeunes sont très proches de celles du monde adulte. Les divergences de points de vue entre jeunes et adultes – l'importance accordée à la sexualité, aux études ou au travail – sont-elles liées au phénomène des groupes ou ne sont-elles pas déjà présentes dans la société pluraliste et permissive dans laquelle

16. Christine Cadrin-Pelletier. *Op. cit.*, p. 38.

nous vivons ? La permissivité sexuelle, le sida et les maladies transmises sexuellement relèvent-ils de la culture adolescente ou ne font-ils pas partie du tableau de l'ensemble de la société ? Et quand on crie haut et fort que les jeunes n'ont pas le sens de l'argent et de l'effort ou qu'ils vivent selon le principe de l'immédiateté et du plaisir, serions-nous en train d'oublier dans quelle société ils ont grandi ? Est-ce que ce sont eux qui ont « inventé » les cartes de débit et de crédit ?

La difficulté d'être soi-même parmi les autres

Dans son expérience de socialisation, l'adolescent a un équilibre à trouver entre la poursuite de l'acceptation des autres et l'atteinte de sa propre réussite sociale. Cet équilibre n'est pas facile à atteindre. À certains moments, il y a conflit entre ces deux objectifs, par exemple en ce qui concerne les résultats scolaires. En effet, dans certains groupes, ceux qui ont de bonnes notes à l'école se font juger négativement : c'est le phénomène des « bollés » auxquels les adolescents ne veulent pas être identifiés. La consommation de drogues en est un autre exemple. Pour être accepté par son groupe, un jeune est parfois tenté de consommer alors qu'il n'en a pas vraiment envie. Sur le plan de la sexualité, on retrouve la même dynamique : un jeune peut adopter des comportements qui collent aux normes du groupe, mais qui ne lui ressemblent pas.

L'important, ce n'est pas de tout faire pour que votre jeune ne se laisse pas influencer par son groupe d'amis, mais bien de l'aider à voir les conséquences que cette influence a sur lui. Le blâmer ne sert qu'à mettre de la distance entre vous et à l'inciter à se brancher davantage sur ces modèles que vous jugez néfastes. Donc, prenez le temps de regarder avec lui les conséquences de ce conformisme et les façons de réagir, à l'avenir, aux pressions du groupe.

Caricature d'André-Philippe Côté.

Au cours de ce processus de socialisation, l'adolescent fait progressivement l'apprentissage de l'intimité, d'abord avec des amis du même sexe, puis avec l'autre sexe. Cette capacité de vivre une intimité est essentielle pour atteindre un équilibre satisfaisant à l'âge adulte. C'est au cœur de cette expérience d'intimité que l'adolescent poursuit son objectif d'être lui-même en présence de l'autre.

Je suis assez grand pour me débrouiller seul

Le développement de l'identité, dont l'identité sexuelle, de même que la socialisation, tendent à accroître l'autonomie chez l'adolescent en voie de devenir adulte. Cette prise en charge graduelle accentue la distance qu'il met par rapport à ses parents et lui confirme de plus en plus son identité personnelle.

Dans notre société, en raison des études prolongées et de la rareté des emplois, les jeunes ne connaissent que tardivement une autonomie financière complète. Cependant, ils vivent assez tôt certains aspects de la vie adulte (vie sexuelle active, travail régulier à temps partiel) sans assumer les responsabilités d'un mariage ou d'une carrière. « L'adolescence aujourd'hui se déroule sur une période beaucoup plus longue. Les familles doivent en conséquence composer avec des situations marquées par l'inconnu et l'ambivalence… Cependant, l'autonomie ne veut pas dire voler de ses propres ailes…[17] » Selon le dernier rapport de l'Institut Vanier (2004), *Profil des familles canadiennes,* 6 jeunes adultes sur 10, âgés de 20 à 24 ans, vivent encore chez leurs parents.

Cette situation est à l'origine de plusieurs litiges entre parents et adolescents devenus jeunes adultes. Quand est-on adulte ? Est-ce qu'être adulte est synonyme d'indépendance financière complète ? Il n'y a pas de réponses simples à ces questions.

17. Conseil de la famille et de l'enfance. *Op. cit.*, p. 62.

Caricature d'André-Philippe Côté.

Les trois tâches propres à l'adolescence, *la recherche d'identité, la socialisation et la quête d'autonomie*, constituent l'essentiel de cette période de la vie. Elles témoignent en particulier de l'importance des amis et de l'amitié à l'adolescence.

Tout cela ne se vit pas en théorie, mais bien dans le concret des relations sociales et amicales de l'adolescent.

Les copains d'abord

C'est au sein du groupe et grâce à l'amitié que l'adolescent poursuit la socialisation déjà entamée et qu'il consolide son identité personnelle et son autonomie.

À la différence des amis d'enfance, les amis d'adolescence sont choisis en fonction de la personne. Pour une majorité d'adolescents, le groupe est presque aussi essentiel que la lumière l'est pour les plantes. Rappelez-vous l'importance de votre groupe d'amis et demandez-vous comment vous auriez réagi si vous en aviez été soudainement privé. À l'occasion de ses recherches auprès des jeunes, le sociologue Jacques Grand'Maison a constaté que les plus solides, les plus confiants et les plus entreprenants « ont en commun l'expérience de fortes appartenances à un groupe, que ce soit la famille, un groupe de jeunes ou tout autre groupe structuré ou informel[18] ».

Pourquoi le groupe est-il si important ? Quelles fonctions remplit-il ? Le psychologue Richard Cloutier fait très bien saisir les apports possibles du groupe d'amis pour le jeune :

> « Le groupe représente pour l'adolescent un laboratoire d'expérimentation pour la recherche d'une identité sociale à adopter dans le futur.

18. Jacques Grand'Maison. *Le drame spirituel des adolescents.* Montréal : Fides, 1992. p. 96.

Le groupe offre des possibilités de rencontres et d'expériences interpersonnelles nouvelles et plus nombreuses.

Souvent, il permet la transition des amitiés entre individus du même sexe vers des amitiés hétérosexuelles.

Le groupe peut donner un appui sur le plan émotionnel par le statut qu'il donne à l'adolescent en lui offrant une place pour lui-même.

Le groupe peut fournir une critique sans distorsion à l'adolescent et lui permettre ainsi d'ajuster sa conduite sans intervention de l'autorité.

Le groupe peut devenir le milieu de confiance et d'appui en cas de conflit avec l'autorité parentale ou autres[19]. »

De plus, le groupe procure à l'individu des normes de conduite, par exemple en ce qui concerne les vêtements, la coiffure, les activités récréatives, normes qui atténuent son insécurité par rapport à ce qu'il doit faire pour être accepté. Jacques Grand'Maison définit en termes imagés ce qu'est un groupe d'appartenance: c'est essentiellement « un lieu d'expression (expression: faire sortir la pression) pour dédouaner d'abord ce qui les paralysait au-dedans d'eux-mêmes, pour trouver une distance, un espace libre pour formuler, clarifier leurs propres questions et risquer des réponses[20] ».

En début d'adolescence, le jeune a tendance à se laisser beaucoup influencer par le groupe d'amis auquel il adhère et, par le fait même, à adopter des valeurs changeantes et parfois contradictoires à force de vouloir plaire aux autres. Cependant, plus il approche de la fin de son adolescence, plus il adopte des valeurs qui lui sont vraiment personnelles et non uniquement calquées sur son groupe d'amis.

19. Richard Cloutier. *Psychologie de l'adolescence*. Boucherville: Gaëtan Morin Éditeur, 1982. p. 214.

20. Jacques Grand'Maison, *Op. cit.*, p. 96.

Il n'y a pas que l'adolescent qui évolue au fil des ans. La structure même du groupe se modifie. Cette évolution, selon Richard Cloutier, passe de la clique (rassemblement de quatre à cinq individus) à la bande (regroupement de quelques cliques) pour finalement déboucher sur les couples[21].

Comme on peut le constater, le phénomène du groupe d'amis à l'adolescence est loin d'être une réalité négligeable et accessoire. Il s'y passe plus de choses qu'il n'y paraît.

Lorsqu'ils passent de longues heures à ne rien faire, les adolescents font autre chose que perdre leur temps, comme certains sont portés à le croire. Ils sont en train de se servir de ce que vous leur avez appris depuis qu'ils sont petits pour se faire une place en société. Ils sont en train de vérifier, à l'extérieur de la famille, ce qu'ils valent vraiment aux yeux des autres et s'ils sont acceptés et aimés comme hommes, comme femmes, comme personnes humaines. Ils deviennent de plus en plus sélectifs par rapport à ce que la famille et leurs parents leur ont proposé.

L'amitié, ça remplit ma vie

Parler du groupe d'amis sans parler de la relation d'amitié serait un non-sens. Voyons donc les principales fonctions que joue la relation d'amitié[22] :

- la relation d'amitié est un laboratoire de premier choix *pour vivre et expérimenter des dimensions comme la tolérance, le tact, la justice, les limites des confidences, la résistance aux influences des autres, etc.* ;

21. Richard Cloutier, *Op. cit.*, p. 216-217.

22. Synthèse personnelle tirée des propos de Richard Cloutier dans *Psychologie de l'adolescence*. Boucherville : Gaëtan Morin Éditeur, 1982. p. 209-211.

- l'amitié permet à l'individu de se sentir quelqu'un, *d'être apprécié pour ce qu'il est, avec tout ce qu'il pense et ressent. Cela est particulièrement important en cette période où l'adolescent a de la difficulté à s'accepter tel qu'il est et où il ne se sent peut-être pas toujours accepté par son milieu familial;*
- l'amitié lui apprend aussi à contrôler son fonctionnement social *en lui donnant la possibilité de créer des règles et des ententes avec les autres;*
- enfin, l'amitié lui apporte une image sociale de lui-même, *car les amis constituent une importante source d'information sur sa personne et sur ses agissements, en même temps qu'une base de comparaison indépendante des préjugés familiaux.*

Les garçons et les filles ne recherchent pas nécessairement la même chose dans l'amitié, de même qu'ils ne veulent pas le même genre de relations amicales. L'action caractérise habituellement les relations des garçons tandis que, chez les filles, ce sont les besoins émotionnels qui sont approfondis.

Entre garçons, l'amitié signifie affirmation de soi, expression de l'autonomie et expérience de l'indépendance face à l'autorité. Les garçons se soutiennent entre eux dans leur quête d'identité et face à leur avenir.

Entre filles, l'amitié vise plutôt une compréhension mutuelle par le partage d'intérêts et de préoccupations personnelles, dans une sphère d'intimité. Ici, il est essentiel de faire une mise en garde. Chacune des amitiés garçon-garçon et fille-fille a sa configuration propre; les caractériser comme nous venons de le faire en fonction du sexe ne devrait pas nous faire perdre de vue la diversité de rapports dans les amitiés, d'autant plus importante aujourd'hui que les rôles sociaux sont moins typés et moins contraignants.

L'amitié entre garçons et filles aide aussi les jeunes à se définir. Pour le garçon, elle autorise des échanges plus émotifs et permet d'exprimer plus aisément ses failles et ses doutes sur lui-même. Pour la fille, l'amitié permet d'explorer ses aspirations personnelles en dehors d'un rapport de séduction, et de remettre en question les stéréotypes masculins et féminins dans les rapports hommes-femmes.

En traitant de l'évolution de l'amitié à l'adolescence, Richard Cloutier définit trois étapes[23].

De 11 à 13 ans

L'amitié activité, *plus centrée sur les activités conjointes que sur la relation elle-même. Les amis sont ceux avec qui l'on a des activités.*

De 14 à 16 ans

L'amitié solidarité, où *le désir de sécurité est prédominant, l'ami est vu avant tout comme une personne loyale sur qui l'on peut compter.*

Vers 17–18 ans

L'amitié réciprocité, où *le partage d'expériences devient le principal but de la relation. L'intimité est basée sur la compréhension mutuelle.* L'ami est choisi en fonction de ses qualités personnelles et est alors recherché pour son apport à la relation.

Lorsque les jeunes commencent à faire plus de place à des liens amoureux, l'amitié avec des personnes de même sexe occupe une place différente.

On peut se demander si la plupart des adolescents de 14 ou 15 ans vivent une relation amoureuse. On serait peut-être porté à penser que oui, mais une recherche de Richard Cloutier nous indique le contraire. Au moment de répondre au questionnaire

23. Richard Cloutier. *Psychologie de l'adolescence.* 2e éd. Boucherville: Gaëtan Morin Éditeur, 1996. p. 233.

de cette enquête, « 76,8 % des adolescents de 11 à 14 ans se disent prêts à vivre une relation amoureuse alors que seulement 26 % d'entre eux en vivent une. Ces proportions respectives passent à 88,7 % et à 39,9 % dans la deuxième moitié de l'adolescence, c'est-à-dire entre 15 et 19 ans[24]. » Par contre, ceux qui vivent un lien amoureux y consacrent beaucoup de temps. « Pour l'ensemble des sujets, le temps passé avec leur copain ou leur copine est en moyenne de 26,7 heures par semaine. Il s'agit d'une période de temps considérable équivalant à près de quatre heures par jour, un seuil que plusieurs couples de parents ne pourraient pas atteindre[25]. » Cela explique bien l'état de désarroi dans lequel les jeunes se retrouvent lorsqu'ils vivent une rupture de cette relation et les idées suicidaires qui les habitent parfois.

Rappelons encore une fois que ces étapes de l'évolution de l'amitié à l'adolescence sont des points de repère et qu'elles sont propres à chaque jeune. Nous vivons tous, plus ou moins, une crise autour de la quarantaine. On en parle souvent comme d'une *deuxième crise d'identité*. Après avoir cherché et réussi à prouver plein de choses aux autres, l'adulte se demande à nouveau qui il est et si ça le rend heureux de satisfaire les autres. Cette crise qui s'amorce autour de la quarantaine est fonction de notre identité propre et prend autant de formes qu'il y a d'individus. Il en est de même pour les jeunes.

Est-ce qu'un parent peut dire son mot quant au choix des amis ? Disons d'abord que ce choix fait partie des zones de liberté qui appartiennent à l'adolescent, au même titre que les goûts vestimentaires, le désir de porter les cheveux longs, la décoration de la chambre, le choix de carrière... Accepterions-nous que notre enfant nous dise quels amis nous conviennent et lesquels ne nous conviennent pas ?

---

24. *Ibid.* p. 238

25. Richard Cloutier *et al. Ados, familles et milieux de vie : La parole aux ados !* Québec : Centre de recherche sur les études communautaires, 1994. p. 51.

Cependant, le parent a aussi un devoir de protection. Il est donc important d'avoir l'œil ouvert sur le type d'amis choisis, en même temps qu'il ne faut pas se fier uniquement à notre œil, c'est-à-dire à l'apparence.

Lorsque la perception du parent ne relève pas d'un simple préjugé concernant l'allure de l'ami en question, lorsqu'il y a un doute raisonnable à l'effet que cet ami représente un danger (délinquance, drogue, violence, vols, revente d'objets volés), le parent doit vérifier ses appréhensions. Renseignements pris, si cet ami s'avère non recommandable, le parent ne doit pas hésiter à obliger son fils ou sa fille à rompre.

Si cette situation est la vôtre, il est important d'en expliquer clairement les raisons à votre adolescent. Par contre, si vous n'aimez pas un ami en particulier à cause de son apparence, de ses manières ou parce qu'il a manqué de politesse à votre égard, votre adolescent vivra un sentiment d'injustice et d'aigreur si vous exigez qu'il cesse de le fréquenter. Vous n'êtes pas obligé d'aimer les amis de votre fils ou de votre fille. Vous pouvez lui exprimer votre point de vue sans le lui imposer.

Et puis, pourquoi un ami qui connaît des difficultés devrait-il nécessairement influencer négativement votre adolescent ? Pourquoi ne serait-ce pas l'inverse ? Pourquoi votre adolescent ne serait-il pas celui qui a une influence positive ? Pourquoi ne sortirait-il pas grandi de cette expérience plutôt que diminué ?

Pour dormir l'âme en paix, nous souhaitons parfois choisir les amis de notre adolescent. À certains moments, il est difficile d'accepter que notre enfant fasse ses propres choix.

À notre insu, nous utilisons parfois des doubles standards dans notre perception des adolescents. Par exemple :

- un parent qui ne fait rien est un parent qui se repose et un adolescent qui ne fait rien est un adolescent qui perd son temps ;
- un groupe d'adultes qui discutent est un groupe qui échange et un groupe d'adolescents qui discutent est une « petite gang » qui prépare un mauvais coup ;
- un adulte qui prend une journée de maladie parce qu'il en a ras le bol de son travail est un adulte qui prend soin de sa santé mentale et un adolescent qui fait l'école buissonnière parce qu'il en a ras le bol de l'école est un adolescent qui manque à ses responsabilités d'élève ;
- un adulte qui a beaucoup d'activités à la fois est un adulte qui sait s'organiser, et un adolescent qui entreprend beaucoup de choses en même temps est un touche-à-tout qui s'éparpille.

Ce premier chapitre avait pour objectif de mieux comprendre l'adolescence. On dira peut-être que c'est un passage obligé, mais ce n'est pas nécessairement facile à vivre quand on se sent relégué au second plan et qu'on est un parent-qui-veut-tellement-que-son-ado-ne-se-fasse-pas-mal-dans-la-vie. Et il est vrai que ce n'est pas facile tous les jours !

Cependant, comme parents, est-il possible d'adopter des attitudes qui rendent plus aisée cette période de changement ? Voici, dans les pages qui suivent, quelques pistes de réflexion en ce sens.

Chapitre 2

L'adolescence : mieux la vivre comme parent, ou comment ne pas en faire une maladie

▼

Comment ne pas être un parent «victime»?

Quelle est l'attitude de base à développer pour ne pas être victime ni de sa vie ni de ses enfants ? En travaillant auprès de parents en difficulté, on s'aperçoit que ces personnes qui, sur le plan affectif, ont de bonnes relations avec leurs enfants ont perdu confiance en leur capacité de prendre de bonnes décisions par rapport à ceux-ci. Elles ne savent plus comment se situer dans leur rôle d'éducateur. « Dois-je interdire ou permettre, et jusqu'où aller ? Comment le rejoindre ? Comment communiquer avec mon ado ? Comment l'empêcher de gâcher sa vie ? »

Les parents ont de la difficulté à suivre les changements souvent brusques qui surviennent chez leur enfant. En quelques semaines, ce dernier peut passer d'une attitude de relative soumission à une attitude de pure révolte. Les parents passent eux-mêmes de la compréhension patiente à l'exaspération. En fait, ils vivent de l'insécurité. Leurs jeunes leur font vivre des situations imprévues requérant des solutions qu'il leur faut en quelque sorte inventer.

Dans de telles circonstances, certains parents ont tendance à devenir plus rigides afin de contrer les échappées de liberté de leur jeune. D'autres cèdent à la moindre pression pour éviter les disputes. Plusieurs se sentent coupables des difficultés de leur jeune tandis que d'autres se déresponsabilisent et ne voient pas de lien entre ce que vit leur jeune et leurs propres attitudes. Pour tous ces parents, l'éducation des adolescents semble un fardeau, un tunnel sans lumière et certains comptent presque les jours qui les séparent de la fin de l'adolescence de leur enfant.

Si vous éprouvez de tels sentiments, il se peut que le mot *impuissance* décrive bien votre état. Vous n'avez plus d'emprise sur votre propre situation et vous ne savez plus où donner de la tête. Si vous croyez vraiment que vous n'avez plus ni balises ni pouvoir, vous en concluez peut-être que vous n'avez d'autre choix que de subir votre rôle de parent. Vous vous sentez alors victime de votre jeune. Et vous ne voyez plus quelle direction prendre pour sortir de cette impasse. Pour trouver ou retrouver cette direction, faisons l'expérience de jongler avec trois notions fondamentales : *responsabilité, pouvoir* et *choix*. Ce sont trois mots-clés pour celui ou celle qui ne veut plus être un parent victime, mais bien une personne à part entière qui se donne les conditions pour mener une vie satisfaisante. Il y a là toute la différence entre subir son rôle de parent et le vivre avec le sentiment de se réaliser.

Se sentir responsable

Chacun est le premier responsable de la façon de mener sa vie. Or, lorsque nous sommes en difficulté, nous avons souvent tendance à sous-estimer nos capacités à bien la mener. Alors, nous n'avons plus conscience de cette responsabilité. Le sentiment d'être mené par la vie l'emporte sur celui de la diriger. Nous sommes portés à oublier que nous sommes responsables :

- de ce que nous faisons ;
- de ce que nous ne faisons pas ;
- de ce que nous disons ;
- de ce que nous taisons.

Nombreux sont ceux qui, de façon inconsciente, vivent comme s'ils étaient victimes des événements et des personnes qu'ils côtoient, comme s'ils n'avaient aucun pouvoir de réagir. De ce nombre, il y a des parents d'adolescents qui se voient souvent en spectateurs impuissants : mon jeune est impoli, il est menteur, il ne respecte pas d'horaire, il vole, il « m'envoie promener », etc. Le parent se sent démuni et ne voit plus quelle emprise il peut se donner dans une telle situation.

L'enjeu ici, c'est d'arriver à voir la vie de famille comme une pièce de théâtre où chacun a son rôle à jouer. Pour qu'un acteur puisse jouer son rôle, il faut qu'un autre lui donne la réplique, et lui soit complémentaire. Il faut qu'il y ait une connivence entre eux pour que la pièce ait un sens.

Se sentir responsable, c'est donc prendre conscience du fait que nous tenons un rôle dans une pièce de théâtre, que nous sommes partie prenante de ce qui s'y passe, de l'action qui s'y déroule, et de la manière dont elle se déroule. Tenir le rôle de parent dans une pièce de théâtre, c'est se rappeler que nous avons une position déterminante en ce qui a trait aux normes et aux règles de conduite. Sur un bateau, on peut considérer que tous les membres de l'équipage ont la même dignité et ont droit au même respect, mais ils n'ont pas tous une fonction identique. Le capitaine ne joue pas le même rôle que le matelot. Il en est de même dans la famille et au théâtre.

En reconnaissant que nous avons autorité sur notre vie, nous ne nous chargeons pas d'un fardeau de plus sur les épaules. Bien au contraire, cela est porteur d'espoir. En effet, si nous reconnaissons que nous avons une maîtrise sur notre vie, nous admettons que nous avons le pouvoir d'y faire quelque chose. Si nous sommes un acteur et non seulement un spectateur, nous participons au déroulement de la pièce et pouvons décider de *changer notre réplique* pour que l'autre acteur change la sienne si la situation présente ne nous convient plus. Nous sommes donc *l'auteur de notre réplique*, capable de la modifier si nous voulons changer la tournure de l'histoire.

Si nous vivons des difficultés avec notre jeune, nous avons à nous demander *quelle est notre contribution dans la répétition de la situation*. Plusieurs parents diront : « C'est ma faute si mon jeune a des problèmes. » Ils sont prêts à se comporter en parents coupables et à vouloir tout faire pour se faire pardonner. Le sentiment de culpabilité amène souvent à prendre *toute* la responsabilité. Or, être responsable, c'est reconnaître notre participation, être prêt à changer ce qui relève de nous et à réparer les dégâts, dans la mesure du possible. C'est aussi laisser aux autres la part qui leur revient.

Il est tout autant contre-indiqué de se sentir coupable que de ne pas se sentir concerné par ce qui arrive.

Avoir un pouvoir de réaction

Pour changer, chacun doit savoir et croire qu'il peut le faire. Quand on traverse une période difficile, on peut ressentir de l'impuissance et arriver à penser qu'on ne peut rien y changer. Il est alors très utile d'apprendre à reconnaître le pouvoir qu'on utilise déjà dans sa vie... et qui donne des résultats. Même dans les événements heureux, les gens ont tendance à penser que les choses s'arrangent toutes seules, sans leur participation. Ils disent « Ça s'est finalement arrangé », plutôt que « J'ai arrangé les choses pour que ça me convienne », ou « J'ai décidé d'accepter cela comme ça se présente, plutôt que de lutter inutilement ».

Chacun a la liberté de se poser la question suivante: « Ce que je vis actuellement, est-ce bon pour moi et est-ce acceptable ? »

Les gens s'imaginent souvent ne pas avoir le choix de ce qu'ils vivent. En un sens, ils ont à la fois tort et raison ! Il est vrai que nous ne choisissons pas nombre des événements qui nous arrivent. Cependant, la réaction que nous avons face à ces événements nous appartient. L'auteur Savater nous le rappelle bien:

> « Même si nous ne pouvons choisir ce qui nous arrive, nous pouvons toujours choisir comment réagir face à ce qui nous arrive... Faut-il en déduire que nous faisons toujours ce que nous voulons ? Loin de là ! Les circonstances nous imposent parfois une alternative que nous n'avons pas voulue: et nous devons alors choisir, quand nous aurions préféré nous abstenir[26]. »

On constate souvent qu'un événement donné suscite des réactions différentes selon les personnes. C'est ainsi qu'on s'aperçoit qu'il y a plusieurs façons possibles de réagir. Une situation n'est jamais « objectivement » désespérée. Se le rappeler lorsqu'on se croit dans une impasse peut nous inciter à chercher une nouvelle issue, une autre façon de voir.

Toute la question se résume à la question suivante: « Qu'est-ce-que-je-me-fabrique-en-dedans-avec-ce-qui-arrive-en-dehors ? » Ou encore « Si-je-ne-peux-changer-ce-qui-est-en-dehors-qu'est-ce-que-je-peux-faire-avec-ce-qui-est-en-dedans ? »

En matière de sentiments, c'est la même chose. Les gens attribuent aux autres la responsabilité de ce qu'ils ressentent, ce qui les prive du même coup de leur capacité de réagir. Voici certaines phrases assez courantes:

- Tu me déprimes.
- Tu me choques.

26. Fernando Savater. *Éthique à l'usage de mon fils*. Paris: Seuil, 1994. p. 39.

- Tu me mets à l'envers.
- Tu me fais sentir coupable.
- Ça me rend triste de t'entendre parler ainsi.

Dans toutes ces phrases, c'est l'autre qui a le contrôle et le JE ne peut rien faire sinon dépendre de lui et espérer qu'il le fasse sentir autrement. En réalité, c'est le JE qui se fabrique ses sentiments intérieurs avec ce que l'autre lui dit ou lui fait. JE me rends alors compte que :

- JE me déprime (c'est moi qui fais cela, pas l'autre) avec ce que tu dis.
- JE me choque (JE me fabrique de la colère) avec ce que tu fais.
- JE me mets à l'envers avec ça (JE peux choisir de faire autre chose).
- JE me rends coupable (JE peux décider de ne pas me culpabiliser) avec ce que tu dis.
- JE m'attriste (c'est moi qui me mets dans cet état) avec ce que tu racontes.

Chacun peut reprendre le contrôle sur sa vie, ne pas laisser l'autre lui dicter « comment-vivre-les-événements », rapatrier plein de pouvoirs et assumer ses responsabilités.

Faire des choix

Les notions de responsabilité et de pouvoir en impliquent une troisième sur laquelle il est important d'insister : c'est la notion de choix.

Quand nous réagissons de telle ou telle façon, nous choisissons cette réaction plutôt qu'une autre. Le mécanisme n'est pas toujours conscient, éclairé ou délibéré, et nous préférons souvent nous faire croire que nous avons réagi à cause de l'autre, sans y mettre notre signature personnelle. Il y a là une part de liberté qui augmente avec le degré de conscience avec lequel nous vivons notre vie. Et ces choix, nous en faisons quotidiennement dans l'éducation de nos enfants.

Les parents, autant que les jeunes, prennent des décisions, même s'ils croient ou disent ne pas l'avoir fait. Pour un parent, cela peut être :

- Je *fais le choix* de fermer les yeux.
- Je *fais le choix* de placer mon jeune devant les conséquences de ses actes ou de ne pas le placer dans cette situation.
- Je *fais le choix* de lui donner une chance, puis une autre, puis une autre...
- Je *fais le choix* de lui répéter sans cesse les mêmes demandes, sans qu'il se sente vraiment tenu d'y obéir.

Pour un jeune, ce sera :

- Je *fais le choix* de ne pas respecter l'heure d'entrée en invoquant une bonne excuse.
- Je *fais le choix* de ne pas faire le ménage de ma chambre.
- Je *fais le choix* de négliger mes études.

Ne pas réagir, c'est un choix même si cela n'en a pas l'air à première vue. Ne rien dire, c'est dire quelque chose.

Augmenter la marge de manœuvre

On peut se demander quels sont les pouvoirs que détient le parent sur ses enfants et quelles en sont les limites. De façon générale, dans nos vies, nous avons plus d'emprise, nous sommes davantage responsables et nous exerçons plus de choix que nous voulons le laisser paraître. Cependant, nous entretenons souvent l'illusion que ce sont les autres qui doivent changer plutôt que nous-même. Et nous perdons beaucoup d'énergie à vouloir les transformer malgré eux.

Caricature d'André-Philippe Côté.

Tout n'est pas prédéterminé dans notre existence et nous pouvons augmenter de beaucoup la marge de manœuvre dont nous jouissons dans notre propre vie. Cependant, notre pouvoir sur celle des autres, en particulier sur celle de nos enfants, est passablement limité à mesure que ceux-ci grandissent. Bien que nous puissions beaucoup influencer nos jeunes, la seule personne sur qui nous pouvons réellement agir, c'est nous-même. Et c'est en modifiant certaines de nos croyances, attitudes, comportements et exigences que nous changeons notre « réplique ».

Une bonne façon de changer la réplique, c'est d'établir vos limites. Si votre jeune a des comportements inacceptables, votre première responsabilité est de le lui signifier clairement, d'abord en paroles, puis en actions (conséquences annoncées) afin que le message soit compris. Vous placez alors votre jeune devant de nouveaux choix; il aura lui-même à se situer par rapport à ces nouveaux choix et il devra vivre avec les conséquences qui y sont associées. Il est possible de lui faire part de plusieurs exigences; cependant, nous devons toujours nous rappeler que s'il y répond c'est qu'il choisit de le faire, en optant pour ce qui est plus avantageux pour lui, que ce soit pour obtenir quelque chose ou pour éviter ce qui lui serait désagréable. Nous reviendrons amplement sur le « comment » favoriser certains changements de comportement chez votre jeune.

Vous pouvez vouloir transmettre à votre adolescent le meilleur de vous-même, mais celui-ci a toujours la liberté de refuser ce que vous voulez si généreusement lui donner. Nombre de parents ont vécu la dure expérience de vouloir le succès scolaire de leur enfant, à sa place, et de se heurter à un : « C'est moi qui décide de ça ! » Le parent peut continuer d'exercer sa responsabilité en exigeant qu'il étudie, mais en n'oubliant pas que celui-ci peut choisir de ne pas réussir, et même de ne pas étudier.

L'important, c'est de se rappeler que votre adolescent est le premier responsable de son développement. Vous vous devez de le soutenir, de l'encadrer, de l'encourager, mais c'est sa vie à lui. Il peut être difficile de l'admettre, mais tenter de vivre sa vie à sa place ne mène qu'à un cul-de-sac et à des affrontements stériles.

Quelle influence pouvez-vous avoir sur votre adolescent ? Si l'on compare l'adolescent à un ouvrier sur un chantier de construction, vous pouvez être le contremaître qui sait comment la construction doit être faite et qui donne des ordres en conséquence, ou qui est l'ingénieur-conseil que l'ouvrier consulte au besoin, lorsqu'il ne sait plus comment faire pour continuer le travail entrepris. À vous de choisir le rôle qui vous convient, en vous rappelant que c'est sa propre maison que l'adolescent construit.

Le droit d'être imparfait et de commettre des erreurs

S'il est important de ne pas être victime dans son rôle de parent, il est tout aussi nécessaire de ne pas se demander d'être parfait. Renoncer à la perfection, cela signifie que vous avez déjà constaté vos capacités et vos limites. Cette prise de conscience étant faite, vous ne serez donc pas surpris que votre adolescent vous retourne vos propres contradictions et, sans vous en réjouir, vous pourrez au moins éviter de réagir comme s'il venait de dire la pire des calomnies sur votre compte. Admettre un tort, une erreur ou une limite suscite habituellement une réaction de respect et d'estime chez l'autre et rapproche les personnes.

Si vous acceptez d'avoir des limites ou de commettre des erreurs, il y a de fortes chances que vous ayez la même attitude envers votre adolescent. Dans une relation d'éducation, il est essentiel de reconnaître clairement le droit à l'erreur. Si le blâme est devenu le moyen le plus courant de modifier les agissements de votre adolescent, il y a un problème. D'ailleurs, il est bon de reconnaître que, lorsque quelqu'un vous blâme, vous n'avez pas le goût de suivre ses conseils.

La meilleure façon d'apprendre, c'est de faire et de refaire des expériences qui se soldent soit par des succès soit par des échecs, et d'en tirer des leçons. On peut apprendre autant d'un échec que d'une réussite. Cela est vrai pour chacun de nous. Toutefois, comme parents, nous souhaitons que nos jeunes ne connaissent que des succès ou, encore mieux, qu'ils profitent de notre « belle » expérience et arrivent au résultat sans vivre le processus. Dommage pour l'expérience des parents, mais les jeunes aussi doivent faire leur apprentissage du monde et de la vie pour en tirer leurs propres conclusions. On peut crier « Attention ! Danger ! » ou carrément interdire à certains moments, mais on ne peut leur éviter complètement de se cogner le nez. L'erreur, ce n'est pas de commettre des erreurs, c'est de ne pas en tirer profit. S'il y a une bonne façon d'aider votre jeune à tirer profit d'une difficulté, c'est de ne pas le blâmer et, surtout, de ne pas clamer le « Je te l'avais bien dit ».

Si vous êtes conscient de vous être trompé dans l'éducation de votre jeune, admettez-le d'abord, puis pardonnez-vous et demandez-vous comment vous pouvez agir autrement désormais. Autant que possible, ne perdez pas d'énergie à vous en vouloir et surtout à vous culpabiliser. La culpabilité est l'émotion qui risque de vous nuire le plus dans l'éducation de votre jeune, car les attitudes et les gestes reliés à la culpabilité sont souvent bien plus désastreux que l'erreur initiale. Ainsi, un parent qui devient très permissif en espérant se faire pardonner une attitude ou une parole peut causer beaucoup plus de tort avec ce comportement qu'avec ce qui l'a engendré.

Caricature d' André-Philippe Côté.

Se parler : on y revient toujours

Une des façons d'aider votre jeune à profiter de ses erreurs c'est de lui en parler lorsqu'il en commet. Il y a de bonnes chances qu'il accepte de le faire s'il sent que le sens premier de votre démarche n'est pas de lui faire la leçon, mais de l'aider.

Invitez-le d'abord à vous dire ce qu'il pense de cette expérience, ce qu'il en retient, comment il explique le fait d'en être rendu là et la conclusion qu'il en tire. Il a davantage besoin de se sentir compris que de vous voir lui trouver une solution miracle.

Avant de chercher une solution à son problème, assurez-vous d'abord qu'il est prêt, de son côté, à faire quelque chose pour s'aider. Demandez-lui si ça l'intéresse d'entendre ce que vous en pensez. S'il dit oui, c'est le temps de lui faire part de vos réflexions sur la question. Il est maintenant disposé à les entendre, mais il ne l'était pas auparavant. D'ailleurs, d'une façon générale, lorsque votre jeune vous demande votre avis sur un sujet, prenez la précaution de lui demander ce qu'il en pense lui-même. Cela évite souvent un dialogue de sourds. S'il dit *non* et que vous n'êtes pas en cause dans la situation, acceptez pour un temps qu'il réfléchisse seul à sa difficulté et rappelez-lui votre disponibilité bienveillante. Par contre, si vous êtes concerné par le problème, obligez-le à entendre ce que vous avez à lui dire.

Lorsque vous parlez avec lui et qu'il émet des opinions que vous trouvez bizarres, rappelez-vous qu'il ne s'agit pas d'une opinion immuable et définitive. Exprimez la vôtre, mais sans espérer la lui faire adopter à tout prix, en tout cas pas sur-le-champ. L'adolescent « magasine » beaucoup d'avis. Ce n'est qu'avec le temps qu'il développe sa propre façon de voir, qui pourra finir par ressembler à la vôtre, mais pas dans l'immédiat. À cet âge, les idées évoluent très vite et ce qu'il pense aujourd'hui peut être fort différent de ce qu'il pensera demain. Adoptiez-vous si facilement les idées de vos parents ? Est-ce que vous vous en portez plus mal aujourd'hui ?

Nombreux sont les parents qui se plaignent que leur adolescent ne communique pas avec eux. Cela veut souvent dire que les parents ont tenté à plusieurs reprises, mais sans succès, par de longs sermons ou monologues, de le convaincre de penser comme eux ou de lui démontrer que ce qu'il pense n'a pas d'allure. Par contre, d'autres parents ont vu leur jeune leur confier ce qu'il pensait réellement... à leur grand étonnement. Il faut savoir qu'il y a un risque à la communication : cela peut marcher et les parents peuvent entendre des raisonnements ou des confidences qu'ils n'avaient pas prévu recevoir. Si vous posez la bonne question, vous risquez d'avoir la bonne réponse. Votre jeune peut-il vous dire ce qu'il pense réellement sans que cela lui crée un problème ? A-t-il le droit de penser différemment ? Nous vous laissons le soin de répondre...

La communication est un élément de la relation parent-adolescent auquel les jeunes sont très sensibles et qui suscite le plus d'insatisfaction. « Selon les enquêtes récentes auprès des jeunes, c'est la communication — écoute, dialogue, compréhension — entre parents et adolescents et la non-disponibilité qui suscitent le plus d'insatisfaction[27]. »

Si vous vous demandez comment faciliter la communication avec votre jeune, voici quatre éléments qui vont dans ce sens : *intéressez-vous à son monde, parlez-lui en dehors des situations problématiques, parlez-lui de vous et évitez les « oui... mais ».*

Témoignez de l'intérêt pour le monde dans lequel il vit : ses amis, ses activités, sa musique, ses champs d'intérêt, le monde de l'école et non pas uniquement ses résultats scolaires. Au

27. Conseil de la famille et de l'enfance. *Op. cit.*, p. 46.

chapitre de l'école, il peut s'agir d'explorer son quotidien : quel est le professeur qu'il préfère, celui qu'il déteste, les surnoms qu'il leur donne, la dernière blague qui circule dans les corridors. Vous pouvez en profiter pour lui parler de votre époque et des bévues que vous avez peut-être faites au cours de votre propre adolescence. Sachez que cela ne l'encouragera pas à en faire davantage. Mais vous pouvez lui signifier par là que vous comprenez ce qu'il vit pour l'avoir déjà vécu vous aussi. Beaucoup de parents se privent de ce genre d'échanges et c'est dommage. Ils tiennent à se présenter comme des êtres parfaits alors que leur jeune aurait l'occasion de se rendre compte qu'on peut devenir un adulte responsable même si l'on a commis quelques bêtises.

La musique peut être une autre occasion de communication avec votre jeune plutôt qu'une zone d'inconfort. Vous pouvez ne pas aimer la même musique que lui et lui demander quand même de vous faire entendre une chanson ou une mélodie qu'il aime. Chaque fois que vous lui demandez de vous expliquer quelque chose, il a le sentiment qu'il vous en apprend, et cela est vrai : c'est une belle façon de le valoriser. Les adolescents apprécient beaucoup que les parents reconnaissent leurs compétences et même leur supériorité dans certains domaines. Donc, entrez dans l'univers de votre enfant : il vous en sera très reconnaissant et vous ne le connaîtrez que mieux.

Si vous parlez avec votre enfant uniquement lorsqu'il y a des accrochages ou des insatisfactions (mauvais résultat scolaire ou entrée tardive par exemple), il se peut que la communication s'appauvrisse et vous laisse mutuellement un goût amer. Beaucoup de parents ont du mal à féliciter leur jeune sans y ajouter un commentaire lui rappelant de ne pas s'enfler la tête, du genre : « Tu as de belles notes, mais tu pourrais faire mieux. » Sachez que votre jeune ne retient que l'insatisfaction présente dans la deuxième partie de la phrase. En fait, le « mais » dans une phrase a la fonction de nier ou de restreindre ce qui vient d'être dit. Alors, si vous voulez vraiment encourager votre jeune, séparez les compliments des blâmes. Soulignez que vous êtes content de son succès. Demandez-lui ce qu'il pense de ses notes moins bonnes et ce qu'il peut y faire. Et si vous tenez à mettre dans une même phrase vos satisfactions et vos insatisfactions, allez-y en remplaçant le « mais » par un « et ». Par exemple, vous pourriez lui dire : « Je vois que tu as de belles notes en français et en mathématiques, et je constate que tu as une faiblesse en anglais. Qu'en penses-tu ? » Laissez-le parler là-dessus et exprimez-lui votre point de vue par la suite.

Plusieurs parents s'intéressent à leur jeune, cherchent à le faire parler et oublient souvent de s'engager personnellement dans la conversation, c'est-à-dire de parler d'eux-mêmes en tant que personnes. Si vous voulez que votre jeune s'ouvre à vous et vous parle avec une certaine intimité, présentez-vous avec vos humeurs, vos joies et vos déceptions. Il ne s'agit pas de faire de votre jeune un confident, mais simplement de vous considérer mutuellement comme deux personnes à part entière, en dehors de vos rôles de parent et d'enfant. L'adolescent veut sentir qu'il y a quelqu'un derrière cette personne qui met des balises dans sa vie. *Il a autant besoin de vous entendre que de se faire entendre.*

UN PETIT EXERCICE DE COMMUNICATION

Dans les groupes de parents que nous animons, nous proposons, entre deux rencontres, de faire un petit exercice avec leur jeune. Il s'agit pour le parent et l'enfant de remplir le même questionnaire et, par la suite, de comparer leurs réponses. L'exercice s'intitule tout simplement: « Connaissez-vous votre jeune ? » Comme vous allez le constater, les questions portent sur des éléments très concrets du quotidien de la vie du jeune. Cet exercice a comme effet positif de déclencher une discussion qui dépasse invariablement les thèmes proposés dans le questionnaire. Presque tous les parents qui l'utilisent le proposent à leur jeune sous forme d'un jeu qui met le parent au défi de démontrer qu'il connaît son jeune. Et comme les ados aiment l'idée de prendre leurs parents en défaut, ils font eux aussi l'exercice avec beaucoup de plaisir. Voici cet exercice dont vous pouvez modifier les questions à votre guise.

Connaissez-vous votre jeune ?

Ce questionnaire ne doit pas être administré d'un seul trait comme une enquête auprès de votre jeune. Il s'agit d'un outil pour vous-même, afin de découvrir à quel point vous connaissez votre jeune et de vous fournir des pistes pour mieux le connaître. Vous et votre jeune, vous le remplissez chacun de votre côté avant de comparer vos réponses. Si vous êtes deux parents à l'utiliser, il est nettement préférable de remplir chacun votre questionnaire et d'échanger vos réponses individuellement avec votre jeune.

(…)

(suite)

- *Quel est son menu préféré ?*
- *Où se tient-il le plus souvent ?*
- *Comment s'appelle son meilleur ami ou sa meilleure amie ?*
- *Quelle est sa chanson préférée ?*
- *Quelle musique écoute-t-il ?*
- *Quel est l'objet auquel il tient le plus ?*
- *Qu'est-ce qu'il déteste le plus au monde ?*
- *Qu'est-ce qui lui fait le plus plaisir ?*
- *Avec quel adulte s'entend-il le mieux ?*
- *Quelle est la matière scolaire qu'il aime le plus ?*
- *Quelle est celle qu'il aime le moins ?*
- *Quel enseignant préfère-t-il ?*
- *Quel enseignant aime-t-il le moins?*
- *Qui est son idole ?*
- *Qu'est-ce qu'il apprécie le plus en vous ?*
- *Quand sourit-il ?*
- *Quand lui souriez-vous ?*
- *Quelle est son expression préférée ?*

Malgré cette suggestion, il se peut que la communication demeure difficile. Pour plusieurs adolescents, se distinguer, c'est couper pour un temps presque tout échange avec leurs parents. Soyez patient, tendez la perche avec respect et confiance, sans jamais harceler votre jeune[28].

28. Exercice conçu avec un collègue co-animateur du groupe de parents en difficulté, Roland Lord, travailleur social.

Fixer des limites et avoir des exigences

Vous vous demandez peut-être s'il est encore possible d'imposer des limites aux jeunes ? Est-ce dépassé, aujourd'hui, d'exiger qu'ils respectent des heures d'entrée, qu'ils « se ramassent », qu'ils consacrent du temps et des efforts à leurs études ?

L'adolescent est sûrement la personne la plus déçue et la plus surprise de voir que ses parents n'ont pas d'exigences envers lui. Bien plus, des adolescents nous ont confié leur désarroi devant le fait que leurs parents ne mettaient pas à exécution ce qui avait pourtant été annoncé avec force détermination.

La plupart des adolescents cherchent à convaincre leurs parents que c'est « poche » ou « téteux » de donner des conséquences. Et il est normal qu'ils tiennent un tel discours. Ce n'est pas une raison pour vous empêcher de les pénaliser s'ils ne comprennent pas autrement. À ce sujet, un adolescent nous confiait, à propos de sa mère qui ne mettait pas à exécution les conséquences annoncées : « Je ne peux quand même pas la respecter, elle ne se respecte pas elle-même. » Si les ados ne sont pas suffisamment responsables pour apprendre sans conséquences, c'est qu'ils en ont encore besoin. Ces conséquences, elles peuvent venir de vous, mais aussi de l'école, des amis ou d'un milieu de travail.

Gare aux parents sauveurs qui veulent éviter à leur jeune les difficultés dont il est lui-même responsable !

Que faire ? D'abord, il faut fixer une limite au nombre de fois où vous formulez la même demande. Si l'adolescent n'acquiesce toujours pas, passez au langage des conséquences (la seconde partie de l'ouvrage contient une présentation très détaillée de ce langage des conséquences). Une conséquence remplace avantageusement les reproches répétés sur tous les tons ; ces discours sont aussi épuisants pour celui qui les dit que pour celui qui les subit. À titre d'exemple, demandez-vous pourquoi de plus en plus d'adultes prennent au sérieux la norme du 0,08 % d'alcool lorsqu'ils conduisent ? Certains le font par civisme et un grand nombre parce que la conséquence qui y est associée – retrait du permis de conduire – les fait réfléchir.

Surtout, n'hésitez pas à maintenir des exigences d'ordre et de règles de vie qui contribuent à un climat vivable dans la maison. Si l'ordre est important pour vous, ne corrigez pas votre adolescent dans le but qu'il en ait plus tard dans son appartement. Les adolescents ne sont pas du tout sensibles à ce genre d'argument ; ils vivent dans le « ici et maintenant ». Expliquez-lui qu'il ne faut pas tout laisser traîner, particulièrement dans les pièces communes de la maison, par respect pour les autres. Laissez-lui certaines libertés quant à l'ordre à tenir dans sa chambre, avec un rappel d'un seuil minimum convenu avec lui.

Quant aux tâches de la maison, il m'apparaît normal que vous demandiez une contribution à votre jeune sur ce plan et qu'il y ait des ententes précises. S'il y a des tâches particulières qui s'ajoutent à la routine, n'hésitez pas à lui dire (« J'ai besoin de ton aide... ») que ce soit pour ramasser les feuilles sur le terrain, laver les vitres, faire un grand ménage, etc. Pour le solliciter, n'attendez pas qu'il s'offre et acceptez qu'il s'exécute sans grand enthousiasme. Les adolescents n'ont peut-être pas toujours le goût de rendre service à leurs parents (parce qu'ils sont tournés vers l'extérieur, à la recherche de gratifications venant d'autres sources que des membres de leur famille), mais ce n'est pas une raison pour ne pas réclamer leur collaboration. Si vous ne le faites pas, vous leur en voudrez et développerez une amertume qui rejaillira sur votre relation. Les adolescents sont bien contents d'avoir votre appréciation ; ils y accordent plus d'importance que vous ne le pensez.

N'oubliez pas qu'en fixant des limites à votre adolescent, vous lui donnez beaucoup de sécurité et vous lui témoignez de l'amour. Les adolescents s'aperçoivent alors qu'ils comptent pour vous et que vous n'êtes pas indifférent à ce qu'ils font et à ce qu'ils deviennent. Ils ne vous le disent pas, mais ils n'en pensent pas moins : « Il doit tenir à moi s'il m'empêche de faire telle chose. » Rappelez-vous que l'amour seul ne suffit pas. Il faut aussi des exigences. Mettre des limites, c'est encadrer. Pour une œuvre d'art, c'est la mettre en valeur. N'est-ce pas ce que vous voulez pour votre enfant lorsque vous ne l'autorisez pas à être n'importe qui et à faire n'importe quoi de sa vie ?

La difficulté consiste à maintenir un équilibre entre l'intention de protéger le jeune contre les dangers qui le guettent et le fait d'accepter qu'il prenne des risques qui pourront l'aider à grandir. Il y a des coûts à trop empêcher ou à trop permettre.

Si vous avez perdu confiance en votre jeune parce qu'il vous a menti à quelques reprises, faites-lui savoir clairement que, pour regagner votre confiance, il devra vous démontrer à plusieurs reprises qu'il est en train de changer et poser des gestes concrets. Par exemple, n'hésitez pas à vous assurer qu'il est bien là où il avait dit qu'il serait. Dites ouvertement que vous allez vérifier, pendant un certain temps, ce qu'il vous dit afin qu'il découvre le prix à payer pour avoir trompé votre confiance. Cependant, redonnez-lui vraiment de nouvelles occasions de faire ses preuves. Dès que vous sentez que vous pouvez de nouveau lui faire confiance, faites-le lui savoir.

Certains parents voudraient fixer des limites à leur jeune, mais sans que cela trouble leur relation ou crée des différends entre eux. Acceptez qu'il y ait des affrontements et des moments de tension entre vous. Les conflits font partie de la vie. Lorsque vous tenez votre bout, attendez-vous à ce que votre jeune ne soit pas content et ne vous aime plus, momentanément. Vous n'en mourrez pas ! Évitez de vouloir être à tout prix l'ami de vos enfants. Des amis, il peut s'en trouver partout. Un parent, il n'en aura pas d'autres. Une fois le différend réglé, tentez de rétablir le contact. Même s'il fait semblant de vouloir couper les ponts, l'adolescent demeure très sensible à toute forme d'attention et de réconciliation, comme tout le monde d'ailleurs.

Et si vous êtes un parent en perte d'autorité...

Il se peut que vous soyez tout à fait d'accord avec ce que vous venez de lire, mais que vous ne sachiez pas comment dire et maintenir vos exigences face à votre jeune. Il se peut que vous ayez perdu tout contrôle sur lui et qu'un sentiment de découragement et peut-être de honte vous habite profondément. Peut-être vous sentez-vous soulagé de savoir que vous n'êtes pas seul à vivre une telle situation et d'apprendre qu'il y a des moyens de vous en sortir. La seconde partie du livre parle explicitement de ce phénomène largement répandu des parents en perte d'autorité. Le fait de comprendre le phénomène de perte d'autorité, comme parent et comme société, permet d'affronter le problème et aide à se sentir moins isolé et moins coupable. Dans cette section, vous trouverez également des moyens précis pour sortir de l'impasse. Ne vous déclarez pas vaincu ! Ne vous laissez pas abattre ! Il est possible de faire un virage radical dans votre situation de parent en perte d'autorité. Notre expérience professionnelle nous le démontre de façon non équivoque.

Caricature d'André-Philippe Côté.

Seconde partie

Les parents en perte d'autorité, ou comment retrouver votre autorité si vous l'avez perdue

« Quand j'étais petit,
je faisais ce que mon père voulait.

Maintenant, il faut que je fasse
ce que mon fils veut.

Mon problème c'est de savoir
quand je pourrai
enfin faire ce que je veux. »

Sam Levenson,
humoriste américain

Chapitre 3

Perte d'autorité et croyances

« Parents en perte d'autorité », voilà une expression qui n'avait pas beaucoup de sens il y a une trentaine d'années. Aujourd'hui, il semble que ce phénomène soit passablement répandu. Que s'est-il passé ? Il nous apparaît important d'esquisser, en quelques lignes, un tableau des principaux éléments qui peuvent aider à comprendre ce phénomène des parents en perte d'autorité. Toutefois, avant de chercher les raisons qui l'expliquent, il convient de brosser un bref tableau de ce que sont les parents en perte d'autorité.

À quoi ressemblent les parents en perte d'autorité ?

Les parents en perte d'autorité ressentent tout d'abord beaucoup d'impuissance. Ils sont essoufflés dans leur propre vie à cause de tout ce qu'on leur demande, à titre de citoyens, de travailleurs, de conjoints et de parents. Ils poursuivent aussi des objectifs de bonheur individuel. Leur vie se déroule à toute vitesse, comme c'est le cas pour bien des gens dans notre société. Il faut souvent tout faire, tout réussir, et rapidement à part ça. La pression se fait sentir partout. De plus, les parents d'ados vivent beaucoup d'inquiétude dans leur rôle de parents à force d'être bombardés de nouvelles négatives dans les médias au sujet de certains jeunes qui sont loin de représenter l'ensemble de leur génération.

Ces parents en perte d'autorité se croient responsables et, la plupart du temps, ils se sentent coupables de tout. Et la société (éducateurs, professeurs, psychologues, policiers) ne fait rien pour les déculpabiliser. Ils ont le sentiment de se laisser mener par les événements, par leurs enfants, par leurs ados. Ils se surprennent à dire «oui» quand ils veulent dire «non». Ils ont beaucoup de difficulté à communiquer avec leur jeune et à lui dire ce qu'ils attendent de lui.

Ces parents vivent souvent dans la peur d'être rejetés par leur ado, de ne pas être assez «cool» avec lui. Ce sont aussi des parents qui sont portés à menacer de sévir, mais qui ne passent pas à l'acte. Ils vont jusqu'à accepter des manques de respect dans leur relation avec leur ado en croyant éviter de perdre son affection. Ils accumulent de la colère, de la rancune et de l'amertume dans leurs relations parentales. Ils ont souvent très hâte que leur ado atteigne l'âge de la majorité.

Les parents de cette génération ont beaucoup à faire en dehors de leur vie de famille. Ils sont souvent absents et portés à compenser cette absence par l'achat de biens matériels. La question du bonheur individuel est très présente dans nos sociétés et ce n'est pas parce qu'on est parent qu'on y échappe. Ajoutons à cela le phénomène de la profonde transformation des familles depuis l'avènement du divorce, dans les années 1970. Près de 40% des mariages se terminent aujourd'hui par une rupture. Un grand nombre de parents consacrent de l'énergie à dénouer des liens et à reconstruire une cellule familiale. Ils se retrouvent ainsi avec une nouvelle famille, souvent monoparentale, amputée d'un ou de plusieurs de ses membres, ou modifiée par l'arrivée d'un nouveau conjoint qui, lui aussi, a ses propres enfants. Or, on sait que sur l'échelle des événements les plus stressants, le divorce se situe au deuxième rang, immédiatement après le stress relié au décès d'un enfant ou d'un conjoint.

Au quotidien, les parents reviennent souvent à la maison stressés et préoccupés, et ils retrouvent des ados qui, eux aussi, vivent des tensions. Il n'est pas rare de rencontrer aujourd'hui des parents qui n'ont plus le goût de rentrer chez eux, sachant qu'ils vont y retrouver un climat de désordre, de guerre, d'affrontement et de frustration. Leur réflexe, c'est souvent d'acheter la paix.

Voilà donc un tableau succinct des parents en perte d'autorité. Nous aborderons plus loin des éléments concrets de solutions pour faire face à une telle situation, avec l'objectif de redonner à ces parents une vie familiale plus authentique et plus pacifique.

Et les ados, que vivent-ils de leur côté?

En plus des exigences que représentent leur réussite scolaire et leur participation à toutes sortes d'activités, un bon nombre d'ados doivent s'adapter à différents changements de leur situation familiale (divorce, monoparentalité, recomposition, garde partagée, etc.). Ces ados, qui représentent 30 % de la population adolescente, éprouvent souvent le sentiment d'êtres laissés à eux-mêmes. Comme leurs parents, ils connaissent de grands stress et ils vivent avec un sentiment d'insécurité sur plusieurs plans: émotif, économique, psychologique. Ils ont souvent des conflits d'allégeance par rapport aux deux parents et subissent les conséquences liées à la séparation parentale, au divorce et à la recomposition de leur famille.

En plus de se sentir laissés à eux-mêmes, ils ont parfois du mal à comprendre qu'on ait voulu les rendre autonomes si tôt dans la vie (pensons ici au phénomène des « enfants à la clé »). Cette incompréhension perdure quand, maintenant qu'ils sont ados, on cherche à restreindre leur liberté en leur demandant des comptes sur leurs allées et venues ainsi que sur leurs fréquentations.

Par ailleurs, les ados ont aussi à faire des choix de vie : orientation de carrière (opération très complexe vu la multitude de possibilités), genre d'hommes et de femmes qu'ils veulent devenir, valeurs à adopter (alors qu'ils constatent des valeurs parfois contradictoires chez leurs parents et dans la société en général).

Les ados qui vivent avec des parents en perte d'autorité souffrent d'insécurité, mais ils tirent profit de la situation en se montrant irritables, exigeants, impatients, voire irrespectueux face à des parents essoufflés. Ainsi, ils deviennent assez facilement les chefs d'orchestre de la cellule familiale et obtiennent les permissions et les produits de consommation qu'ils convoitent. Certes, ils sentent un certain malaise à « contrôler » ainsi leurs parents, mais les avantages à court terme l'emportent sur leur désarroi et leur anxiété. Ils se retrouvent avec plus de libertés et moins de contraintes.

La perte d'autorité a une histoire

Il y a des raisons d'ordre historique et psychologique qui expliquent que les parents d'aujourd'hui sont si souvent en perte d'autorité.

Le phénomène « baby boomer »

Pourquoi a-t-on tant parlé des ados et de leurs parents ces dernières décennies ? Le phénomène « baby boomer » n'est pas étranger à cette situation. Ce phénomène historique a engendré dans le monde occidental beaucoup de familles nombreuses et, par voie de conséquence, une forte population adolescente qui, une fois devenue adulte, a engendré à son tour quelques générations d'enfants. Les strates d'âge ont donc changé dans notre société.

Parallèlement à ce changement, il y a trois autres grands événements historiques qui ont contribué à amplifier le désarroi des parents et leur perte d'autorité. Denis Jeffrey, professeur d'éthique à la Faculté des sciences de l'éducation de l'Université Laval, décrit dans son livre *La morale dans la classe*[29] les événements qui ont largement contribué à la confusion et au désarroi de plusieurs parents d'aujourd'hui dans leur rôle d'éducateurs, alors que l'adolescent, dans son processus d'identification, a précisément un grand besoin d'être en présence d'adultes solides et cohérents.

Le premier événement est lié à « la perte du contrôle de l'Église catholique sur les institutions et les individus ». Le second concerne « l'ouverture des mœurs induite par la lutte des femmes, la libération sexuelle et le déclin du patriarcat ». Enfin, le troisième est en lien avec « l'émergence de la culture individualiste et l'effritement des grands récits ». Essayons de regarder de plus près ces trois événements en fonction de la compréhension de la perte d'autorité parentale.

La perte de contrôle de la religion sur les valeurs

Depuis les années 60, et tout comme d'autres sociétés occidentales, le Québec est passé d'une société monolithique au plan des valeurs à une société pluraliste. Auparavant, à peu près tout le monde avait la même conception de ce qui était acceptable comme valeurs et comportements, et de ce qui ne l'était pas. Comme le dit Denis Jeffrey, « au cours de la "dictature morale" du clergé québécois, la hantise du démon servait d'argument pour redresser les comportements déviants et les catholiques s'obligeaient donc à se conduire selon les règles de l'Église[30] ». Le bien et le mal étaient très bien catégorisés et chacun savait ce qu'il avait à faire pour être en règle.

29. Denis Jeffrey, *La morale dans la classe*. Sainte-Foy : Presses de l'Université Laval, 1999.

30. *Ibid.*, p. 20.

En quelques générations, l'Église catholique et son code de conduite ont laissé la place à un vide dans les valeurs. C'est à partir de cette situation que de nombreux adultes ont tenté de se resituer comme adultes et comme parents ; ils se sont retrouvés dans une société pluraliste, aux valeurs diverses et fondées sur une très grande incertitude. Une société s'est érigée sans véritables repères et balises collectives pour guider les individus.

Cela se reflète dans le désarroi des adultes et parents qui ont à fixer une ligne de conduite pour eux-mêmes et pour leurs enfants. Cette relativité des valeurs amène chez plusieurs un tel désarroi et un tel doute généralisé qu'ils sont tentés de démissionner de leur rôle d'éducateur. Selon Jeffrey, les jeunes, pour leur part, « ne veulent plus entendre de discours moralisateurs. Ils demandent aux adultes des preuves tangibles que le monde ne court pas à sa perte. Ils veulent l'assurance que les avions militaires servent la paix, que les politiciens sont honnêtes, que la société leur réserve une place. Malheureusement, leur quête d'idéaux moraux est souvent frustrée par une réalité difficile à accepter[31]. »

Nous nous retrouvons donc en présence d'un bon nombre d'adultes eux-mêmes conscients des contradictions qui existent dans leur propre système de valeurs et qui n'osent plus rien affirmer devant leurs enfants. Ils sont en recherche, un peu à la manière de leurs ados en quête de valeurs sûres.

L'ouverture des mœurs

Parallèlement à cet affaiblissement de l'influence de la religion sur les conduites et les valeurs, la lutte des femmes pour leur égalité a fait basculer la morale « masculine » du patriarcat. En même temps, les femmes ont pris possession de leur corps et

31. *Ibid.*, p. 39.

de leur sexe, ce qui a amené tout un remaniement de valeurs. Au patriarcat était associé un certain nombre de qualités dites masculines : « virilité, courage, puissance, force physique, conquêtes sexuelles, quête du pouvoir, maîtrise des émotions, etc.[32] ». Le mouvement féministe a fortement ébranlé cette conception du modèle masculin. Pour ce qui est de la répartition des tâches parentales, il a eu beaucoup d'impact sur les hommes, en tant que personnes et en tant que pères.

Les premières générations qui ont vécu ces changements ont eu de la difficulté à s'inventer une nouvelle façon d'être. Bien que le rôle d'autorité soit encore passablement associé à l'homme, il y a quand même eu une évolution notable, sinon une révolution. Bon nombre d'hommes et de pères ont de la difficulté à trouver un juste milieu entre rigidité et permissivité. Par ailleurs, nombreuses sont les femmes portées à demander la contribution du père lorsqu'elles ont une défaillance dans leur rôle d'autorité auprès de leurs enfants et à se réserver les autres rôles plus nourriciers (soutien, écoute, permissions à accorder, ententes « secrètes » avec leur ado à l'insu du père, souvent perçu comme étant excessif ou violent). Bref, les hommes et les femmes sont en mouvement dans la définition de leurs rôles, ce qui amène une certaine confusion, particulièrement en ce qui concerne le rôle d'autorité. Dans certaines familles, on se demande même si ce rôle est encore tenu par quelqu'un !

Les femmes ont pris possession de leur sexualité, les moyens contraceptifs étant devenus accessibles, y compris les interruptions de grossesse. La permissivité grandissante concernant les comportements sexuels a créé un climat où il devient difficile pour les parents de fixer des normes à leurs ados dans ce

32. *Ibid.*, p. 28.

domaine. Beaucoup de parents font face à des questions du genre : À quel âge est-il normal d'autoriser mon jeune à commencer sa vie sexuelle ? Dois-je accepter que mon jeune ait une vie sexuelle active sous mon propre toit ? Que faire, que dire si mon jeune se reconnaît une orientation homosexuelle ? Suis-je responsable (voire coupable) de cette orientation ? Bref, beaucoup de parents ne savent plus où fixer la ligne de démarcation entre ce qui est acceptable et ce qui ne l'est pas par rapport aux comportements moraux et sexuels de leur ado. Voilà une autre zone d'insécurité qui s'ajoute à celles déjà identifiées précédemment.

L'émergence de la culture individualiste et du relativisme des valeurs

La fin du XXe siècle a célébré le culte de l'individu et l'importance du bonheur ; peut-être en réaction à l'idée de « se sacrifier » pour sa famille et ses enfants, idée qui a nourri plusieurs générations jusqu'au milieu de ce même siècle. Nous nous retrouvons donc maintenant dans une société où l'individu et son confort semblent passer avant tout. Les parents veulent bien « faire des sacrifices » pour leurs enfants mais, contrairement à leurs propres parents ou grands-parents, ils se mettent en priorité dans leur liste de personnes à satisfaire ; et cela a de bons côtés. Cependant, poussée à l'extrême, cette attitude nous met en présence de familles où les parents sont très souvent absents, occupés à poursuivre leurs carrières et à satisfaire leurs plaisirs personnels. Côté valeurs, il devient plus difficile de faire l'unanimité. On retrouve dans les couples parentaux des valeurs différentes, voire contradictoires. Quand vient le temps d'éduquer le jeune, ces différences ressortent, particulièrement lorsqu'il s'agit de fixer des normes de conduite à l'adolescent. Ainsi, une cellule parentale peut se retrouver avec des valeurs tout à fait contradictoires véhiculées par les deux parents.

L'adolescent a alors beau jeu de prendre ce qui fait son affaire et de renvoyer ses parents à leurs désaccords.

Le culte de l'individualisme est inhérent aux sociétés de consommation. Tout tend à nous rendre la vie plus facile et à orienter nos énergies vers des causes individuelles plutôt que communes, laissant chacun dans une certaine indifférence des enjeux de société. En 1981, le cinéaste Denys Arcand réalisait un film dont le titre résume bien la société dans laquelle nous vivons : *Le confort et l'indifférence*[33]. Dans une telle société, à quelles valeurs tenons-nous assez pour les transmettre à nos jeunes ? Que pouvons-nous autoriser et que devons-nous refuser ? Pour décrire la diversité des valeurs et des croyances qui ont cours, nous entendons parfois dire, en boutade, qu'*aujourd'hui tout est vrai ainsi que son contraire !* Aux parents et aux jeunes de s'y retrouver ! Dans un tel contexte, il n'est pas facile de jouer un rôle de guide et d'éducateur.

Des courants de pensée

Au cours des années 70 et 80, et en bonne partie en réaction à la rigidité éducationnelle des générations précédentes, de nouveaux courants de pensée sont nés en psychologie, parallèlement et de façon concomitante. Deux écoles ont surtout fait parler d'elles : celle d'Alexander Neill, présentée dans son livre *Libres enfants de Summerhill*, et celle du docteur Benjamin Spock qui, dans ses livres, invitait les parents à être à l'écoute de leurs enfants (ce qui est très bon en soi) et à les frustrer le moins possible. À la même époque, il y eut un engouement pour l'approche de Thomas Gordon (auteur de *Parents efficaces*) qui prônait l'écoute active comme outil principal de la relation parent-enfant. On a alors cherché à appliquer certaines techniques de l'approche thérapeutique clinique à la relation d'éducateurs et

33. *Le confort et l'indifférence*, film documentaire de Denys Arcand (1981).

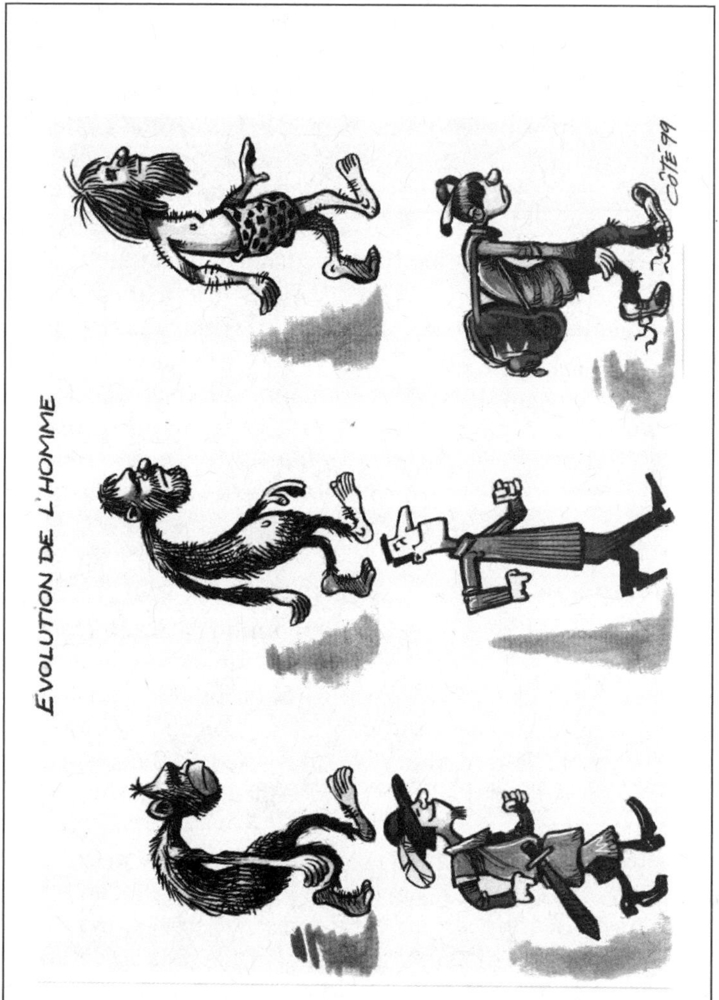

Reproduit avec l'autorisation d'André-Philippe Côté.

de parents. Une des idées directrices de tous ces courants de pensée était que l'enfant connaît lui-même ses besoins et que les adultes sont là pour l'aider à y répondre le mieux possible ; dans cette perspective, le fait d'aller à l'encontre de ses besoins et de sa liberté pouvait compromettre son développement personnel. Il s'est alors créé une confusion entre besoins et désirs. En effet, on a pris les désirs de l'enfant pour des besoins, ce qu'on continue souvent de faire dans les familles, les ados étant très habiles pour convaincre leurs parents que leurs désirs passagers sont des besoins réels. De plus, on a reconnu la liberté de l'enfant comme valeur première, en oubliant qu'une liberté non assortie de limites empêche l'enfant de devenir, selon les mots de Jeffrey , « l'auteur de sa propre vie ».

Les médias (radio, télévision, imprimés) ont largement donné la parole aux représentants de ces courants de psychologie et, d'une certaine façon, les spécialistes du comportement ont pris le contrôle de l'éducation. On avait cessé de miser sur le bon sens des parents, et les spécialistes sont devenus les seuls à savoir comment éduquer un enfant, ce qui faisait table rase de précieux principes d'éducation ayant fait leurs preuves. On les a plutôt remplacés par des concepts qui ont entraîné leur lot de fausses croyances.

Les fausses croyances

Plusieurs fausses croyances trouvent racine dans ces courants de psychologie et font encore leur ravage aujourd'hui. En voici quelques-unes :

- **Les spécialistes connaissent mieux les besoins de l'enfant que les parents et savent, eux, comment il faut l'éduquer.**
- **Faire vivre des frustrations à un enfant équivaut à le rendre malheureux. Il faut donc éviter cela le plus possible.**

- **Si je frustre mon enfant, il va m'en vouloir, m'aimer moins et même finir par me rejeter.**

  Il y a derrière cette fausse croyance l'idée que le but de la relation parent-enfant est d'être aimé par son enfant. On en vient à laisser croire au parent qu'il ne peut vivre ou même survivre sans l'amour de son enfant et que le diplôme de bon parent est directement proportionnel à la popularité dont il jouit auprès de son jeune. Dans cette vision du monde, si un ado est frustré et rebelle face à ses parents, cela signifie que ceux-ci ne sont pas de bons parents.

- **Donnez à votre enfant ce que vous n'avez pas reçu.**

  Voilà bien un message que la société a véhiculé avec beaucoup d'emphase et qui est devenu le leitmotiv de beaucoup de parents. Combien sont-ils qui, consciemment ou non, ont voulu donner à leur jeune ce dont ils avaient été privés dans leur jeunesse ? Cette réaction, bien légitime en soi, incite nombre de parents à dépasser largement leurs limites financières et à donner des biens matériels à leur jeune au détriment de leur propre santé physique et psychologique.

  Sur cette question, il faut dire aux parents d'essayer d'abord de transmettre à leurs enfants tout ce qu'ils ont reçu de leurs propres parents, particulièrement au chapitre des valeurs, plutôt que de chercher à leur donner ce qu'ils auraient souhaité recevoir. On croit parfois que l'abondance de biens matériels remplace la présence et l'affection. Rappelons, à titre d'exemple, « l'épidémie » de suicides survenus il y a quelques années à Lebel-sur-Quévillon, au Québec. En quelques mois, cette petite municipalité a perdu plusieurs ados, malgré un des niveaux de vie les plus élevés au Québec. Et les parents constataient avec une grande douleur qu'ils avaient comblé leurs ados de confort matériel au détriment d'une certaine qualité de présence et d'encadrement.

- **Donner de la discipline entraîne nécessairement des conflits. Moins il y a de discipline, moins il y a de conflits. La meilleure façon d'avoir la paix, c'est d'éviter les conflits.**

  Rien n'est moins sûr. On peut peut-être acheter la paix à court terme et éviter les conflits en gommant certaines exigences, mais on se prépare tout un climat de frustrations et d'amertume à long terme si l'on vit de cette façon.

- **Les contraintes et frustrations restreignent l'enfant dans sa créativité.**

  Beaucoup de parents ont cru à cette affirmation en ignorant que, pour créer, il faut partir d'expériences vécues. L'adulte sait beaucoup de choses sur la vie et sur ce qui facilite le bonheur et le bien-être intérieur. Un enfant ne sait pas d'instinct que l'ordre dans une chambre favorise un sentiment de bien-être intérieur, qu'il faut apprendre à dessiner selon certaines règles pour arriver à faire un dessin évolué, qu'il faut maîtriser la syntaxe et la grammaire pour arriver à composer un texte, etc. Et qu'il faut faire des efforts et recommencer souvent un même exercice pour accéder à un niveau supérieur de qualité et de beauté. D'instinct, l'enfant répugne à l'effort et, si les adultes autour de lui le confortent dans cette opinion, cela compromet sérieusement ses chances d'évolution, de créativité et de bonheur.

- **Percevoir l'enfant comme un « adulte en miniature ».**

  Dans la foulée de la fausse croyance précédente, plusieurs parents perçoivent leur enfant comme un « petit adulte » qui peut comprendre beaucoup de choses, faire des choix « logiques » de comportement. Ces parents n'ont pas conscience que ce qui guide un enfant, c'est le principe du plaisir et la répugnance aux exigences. L'enfant ne peut évaluer par lui-même les conséquences de certains actes que seuls les adultes sont en mesure de mesurer. Ces parents souhaitent habituellement que l'enfant s'autodiscipline sans passer par le long chemin de la discipline qu'ils ont à lui inculquer.

- **Plus tard, il comprendra et se comportera correctement.**

  Selon cette fausse croyance, l'enfant finira par comprendre que certaines choses ne se disent pas ou ne se font pas, et il cessera alors de les dire ou de les faire. Or, la politesse, les bonnes manières à table ou en société ainsi que le civisme, cela s'enseigne; cela ne se devine pas et ne vient pas tout seul. Plus tôt on l'enseigne à l'enfant, mieux c'est. Si un enfant agit mal ou parle mal, le meilleur service à lui rendre est de le reprendre et de lui enseigner comment parler et agir, même s'il n'en comprend pas encore la raison. Nombre d'éducatrices en garderie sont étonnées d'être en présence d'enfants aussi peu éduqués. Rappelons-nous l'image de l'arbre qui pousse croche faute d'avoir un tuteur; il vient un temps où il est bien difficile de le redresser.

Il est étonnant de constater que ces fausses croyances ont encore beaucoup d'adhérents. Pourtant, lorsqu'on travaille avec des parents en perte d'autorité, on n'a pas à regarder longtemps pour les retrouver, en tout ou en partie.

35. Ces croyances ont été élaborées au fil des ans en collaboration avec Roland Lord, travailleur social et co-animateur des rencontres de groupe de parents en perte d'autorité au C.L.S.C. Laurentien.

Les croyances qui nous animent[35]

Voici maintenant les croyances qui soutiennent nos interventions professionnelles. Tout d'abord, nous estimons que le métier de parent est un métier très exigeant, pour lequel nous sommes souvent mal préparés et peu soutenus.

Nos croyances concernant les parents

- **Être parent, ça s'apprend.**

  Nous ne naissons pas parents, nous le devenons en donnant la vie. Bien sûr, par rapport à notre perception du rôle de parent, l'ardoise de notre inconscient n'est pas du tout vierge, mais nous sommes réellement en situation d'apprentissage au quotidien et, la plupart du temps, sans professeur. Cela s'appelle « apprendre sur le tas » ! Nous invitons donc tous les parents à développer une attitude de bienveillance face à eux-mêmes lorsqu'ils sont portés à se culpabiliser des erreurs d'éducation dont ils prennent conscience en cours de route. Il est si facile de se culpabiliser quand on est parent. Et la société en rajoute. Lorsqu'un enfant ou un ado présente des difficultés, les premiers blâmés sont les parents. L'erreur est humaine et inévitable, rappelons-le. Il est donc important d'aider les parents en perte d'autorité à faire la distinction entre se sentir responsable et se sentir coupable.

- **Un parent est d'abord un humain**.

  Un parent a des limites de tous ordres tant au plan matériel que psychologique et affectif. Beaucoup de parents en perte d'autorité dépassent souvent leurs limites. Ils n'arrivent pas à les faire respecter par leur jeune car, pour se faire respecter, il faut d'abord se respecter soi-même.

- **Un parent essaie toujours de faire de son mieux.**

  Cela ne signifie pas qu'il faille pardonner tous les gestes posés par les parents envers leurs jeunes, mais simplement qu'il est rare de rencontrer des parents qui voulaient délibérément leur faire du mal. Les intentions des parents sont généralement bonnes. La plupart du temps, c'est la manière de s'y prendre qui est à revoir.

- **L'amour et l'affection ne suffisent pas.**

  Un jeune a besoin de se sentir rassuré et aimé. Cela ne signifie par pour autant qu'il ne faut jamais le contrarier, ne jamais lui dire « non », toujours lui faire plaisir ou lui accorder ce qu'il désire. Cela peut paraître élémentaire, mais beaucoup de parents empruntent encore cette voie.

- **Être parent, c'est transmettre des valeurs de vie.**

  Ces valeurs sont celles qui concernent les grands thèmes de l'existence : le rapport que nous avons avec l'amour, le sens de l'autre, l'importance que l'on accorde aux personnes, aux biens matériels. On y revient toujours : c'est la force de l'exemple qui charrie ces valeurs. Il faut bien se rappeler que, par-delà les biens matériels, les seules choses qui durent et qui s'impriment dans le cerveau, ce sont les valeurs qui nous animent comme personnes, comme parents. Et, entre autres, le respect de soi-même et des autres, qui se transmet d'ailleurs davantage par les actes que par les paroles.

- **Les désaccords entre parents, c'est normal, mais il faut travailler à les réduire.**

  Quand on est deux à élever des enfants, il est normal de vivre des désaccords dans la façon de le faire. Nous sommes issus de familles différentes et avons nécessairement des différences dans les principes d'éducation. La première

Reproduit avec l'autorisation d'André Provencher et d'André-Philippe Côté.

responsabilité qui incombe aux parents est de prendre conscience de ces désaccords, de régler ce qui est possible et, surtout, d'éviter d'anéantir leur autorité en disqualifiant l'autre devant les enfants ou en se laissant disqualifier. Il faut que les parents en arrivent à une forme de compromis et à une cohérence assez grande dans leur façon de mener la famille.

- **Chaque problème a sa raison d'être. Il peut donc représenter une occasion d'apprendre et de se dépasser.**

  Nous sommes en constante évolution, comme être humain et comme parent, et cela comporte son lot de joies, de peines, de déceptions et de deuils de toutes sortes. Ce n'est pas par hasard qu'un problème survient dans une famille. Nos enfants ont le don d'aller nous « chercher » dans les parties inachevées de nous-mêmes.

- **Il est important de s'accorder du temps, pour soi et pour son couple, en dehors du rôle de parent si on veut survivre à une expérience aussi dévoreuse d'énergie que celle d'élever des enfants.**

  Les parents doivent entretenir des relations en dehors de la famille et avoir des activités à l'extérieur s'ils veulent recevoir des gratifications et de la valorisation, car les ados ne sont pas très portés à rehausser l'estime de soi de leurs parents.

Nos croyances concernant les ados

- **Être jeune aujourd'hui, c'est très exigeant.**

  Même si les jeunes vivent dans une société d'abondance, les soubresauts auxquels les familles sont exposées et les nombreux choix que doivent faire les jeunes créent un style de vie très exigeant, qui leur demande constamment de s'adapter.

- **Les ados ont grandement besoin de la présence, de l'affection et du respect de leurs parents, même s'ils font souvent semblant de s'en désintéresser.**

  Les ados sont maîtres dans l'art de faire semblant qu'ils sont assez grands pour se passer de leurs parents.

- **Pour se sentir en sécurité, le jeune a autant besoin de limites fixées par ses parents que de leur affection.**

  Imaginez ce que peut penser un jeune quand il s'aperçoit que ses parents ne se préoccupent pas de ses fréquentations, de l'heure et de l'état dans lequel il entre. « Quelle valeur ai-je à leurs yeux si ces questions les indiffèrent ? »

- **Le jeune apprend en bonne partie en voyant la conséquence de ses gestes.**

  En essayant de lui éviter de voir ces conséquences, comme beaucoup de parents tentent de le faire, ceux-ci ne font que le déresponsabiliser et lui donner une fausse perception de la réalité.

- **Le jeune a un besoin réel de passer beaucoup de temps en dehors de la famille; essayer de faire obstruction à ce besoin ne fait qu'entraver son développement.**

  Les parents qui se mettent en compétition avec les amis de leur jeune tombent dans un piège. Toutefois, ils peuvent rappeler à leur jeune qu'il leur manque et qu'ils souhaitent le voir plus souvent, sans le culpabiliser pour autant.

C'est le jeune qui est l'ultime responsable de sa croissance et non le parent. C'est peut-être anxiogène d'admettre cette vérité, mais il en va ainsi. Il y a une part de liberté que le jeune conserve toujours par rapport à ce que vous voulez lui transmettre et à ce que vous attendez ou souhaitez pour lui.

Chapitre 4

Les parents auraient-ils un complexe d'autorité ?

La psychologie dynamique issue des courants freudiens nous a enseigné le vocabulaire des complexes de toutes sortes : complexes d'infériorité, de supériorité, etc. N'y a-t-il pas lieu d'ajouter un nouveau complexe à cette liste, quand on observe les parents d'aujourd'hui ? Dans leur cas, ne peut-on pas parler d'un complexe d'autorité ? Nous serions portés à répondre par l'affirmative. De quoi serait constitué ce complexe ? Essentiellement de six éléments :

- difficulté à se sentir à l'aise avec l'idée d'être en situation d'autorité ;
- difficulté à concevoir des normes claires ;
- difficulté à se sentir compétent pour établir de telles normes ;
- très grande sensibilité à l'idée de déplaire ou de frustrer l'enfant ;
- grande fragilité à l'égard du jugement des autres à l'extérieur de la famille ;
- très grande recherche d'approbation des autres, qu'il s'agisse de leurs enfants ou d'autres adultes.

Heureusement, il s'agit d'un complexe qui se traite !

« De fait, les parents des années 1980 privilégient la communication, le dialogue, l'écoute. Dans ce contexte, l'exercice de l'autorité s'avère plus difficile à assurer : d'un côté, les parents, tout comme les intervenants auprès des jeunes, craignent les abus et, de l'autre côté, ces mêmes parents et intervenants sont inquiets face à un défaut d'autorité. On assiste alors à des accusations de part et d'autre d'abdiquer son rôle[36]. »

Les parents qui souffrent de ce complexe ont beaucoup de difficulté à mettre en œuvre des règles de discipline avec leurs enfants. Mais est-ce si important de donner de la discipline à nos jeunes ? La discipline n'est-elle pas une règle de conduite dépassée ?

Les bébés naissants, c'est bien connu, ne distinguent pas le jour de la nuit. Cela peut prendre quelques semaines, voire quelques mois, pour qu'ils adoptent un rythme permettant aux adultes de passer des nuits à peu près normales. Dès cette période, on discerne dans certaines familles une résistance à donner des contraintes à l'enfant. Soulignons tout de suite que, chaque enfant étant différent, il n'est pas facile, pour des adultes qui éduquent leur premier enfant, de démêler le besoin du caprice. Les parents ont fait un enfant et, en naissant, l'enfant a mis au monde des parents. Cependant, au fil des mois l'enfant et ses parents font leur nuit. À l'adolescence, le sommeil des parents peut recommencer à être perturbé, mais pour d'autres raisons !

L'absence de discipline peut devenir dramatique

Un enfant, c'est aussi une somme d'instincts que les parents doivent éduquer. Un enfant qui n'est pas guidé, encadré et dirigé devient tyrannique, il ne se responsabilise pas et demeure un enfant, tout au plus un ado. Quand on voit un adulte qui ne suit que ses instincts, que ses caprices et qui n'a pas de volonté, ne dit-on pas de lui que c'est un « grand enfant » ou pire un « grand

36. Conseil de la famille et de l'enfance. *Op. cit.*, p. 80.

bébé» qui fait des crises quand il n'obtient pas ce qu'il veut. C'est le syndrome de l'ENFANT-ROI, si fréquent aujourd'hui dans nos familles. Et si rien n'est fait pour corriger cette tendance, l'ENFANT-ROI devient, quelques années plus tard, un ADO-KING. Dans sa fameuse analyse des scénarios dramatiques, Stephen B. Karpman[37] illustre bien le cercle vicieux dans lequel on se retrouve facilement. Ce concept, nous l'avons adapté aux rôles dans la famille et y avons intégré les notions d'enfant-roi et d'ado-king.

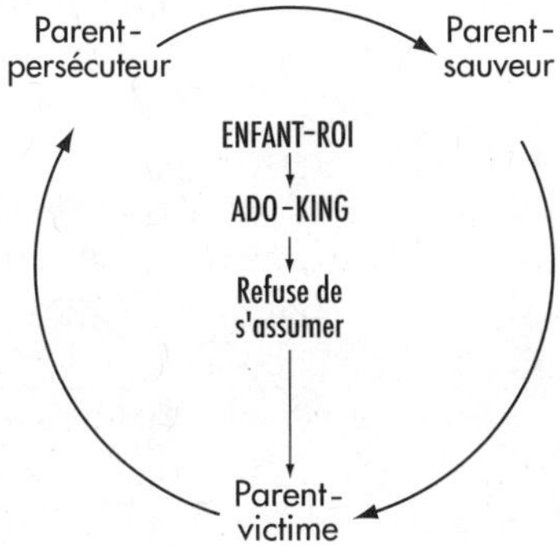

Attardons-nous maintenant à chacun de ces rôles.

Le *parent-victime* de son enfant-roi est celui qui subit ses caprices, qui donne sans exiger en retour, qui ne se positionne pas, qui ne réagit pas ou peu aux incartades. Il ne veut pas le frustrer, il n'impose pas ses limites et accumule amertume, frustrations et colère. Il espère que son jeune finira par comprendre qu'il le fait souffrir et qu'il dépasse les bornes. Et il se dit intérieurement : « C'est mon rôle de parent que d'endurer. Après tout, ce pauvre petit n'a pas demandé à venir au monde. »

37. Stephen B. Karpman. « Fairy tales and script drama analysis ». *Transactional Analysis Bulletin* 1968 7 (26) : 39-43.

Mais au bout d'un certain temps, ce parent est exaspéré de ne recevoir aucune gratification de la part de son jeune. La très grande permissivité fait place alors à de la colère et à des réactions excessives ou démesurées par rapport à l'événement déclencheur. Ce parent devient un *parent-persécuteur* : « Après tout ce que j'ai fait pour toi, c'est de cette façon que tu me remercies ! Tu pourrais faire mieux. Tu es un mauvais enfant et tu ne feras rien de bon dans la vie. »

Le discours du parent verse alors dans la critique sans nuance, dans le blâme, la condamnation et le jugement sans recours. Et, on le sait d'expérience, ce genre de discours peut éclater à la suite d'un événement très banal ; c'est la goutte qui fait déborder le vase ! Après coup, ce parent tombe dans la position du *parent-sauveur*, celui qui se sent coupable de ses éclats et de sa colère excessive, qui laisse passer des comportements inacceptables, qui défend son jeune malgré ses gaffes alors que celles-ci devraient lui valoir des conséquences. L'essentiel de la dynamique du *parent-sauveur* est de vivre et de penser à la place de son enfant. Souvent, ce parent agit à la place de l'enfant et pense pour lui. Ce dernier continue d'avoir ses comportements irresponsables et très souvent irrespectueux (colères, crises injustifiées). Le parent se sent alors de nouveau un *parent-victime*, jusqu'à ce qu'il s'exaspère et retombe dans son rôle de *parent-persécuteur*. Et revoilà le cercle vicieux !

Bref, dans cette dynamique autour de l'enfant-roi, les parents sont à la fois *victimes* de ses caprices, *sauveurs* de ses gaffes et irresponsabilités, et *persécuteurs* quand ils n'en peuvent plus et qu'ils culpabilisent l'enfant si peu reconnaissant envers eux « qui se sacrifient tant pour lui ».

Comment, en tant que parent, sortir de cette situation ?

- Tout d'abord, prendre conscience de la situation. S'apercevoir que le parent a un rôle dans cette déresponsabilisation du jeune.

- Identifier ensuite les besoins qui sont en souffrance chez lui, comme parent et comme personne.
- Exprimer ces besoins avec clarté : « J'ai besoin de..., je ne peux plus tolérer ce genre de comportement..., j'ai le goût de... ».
- En faire part directement à l'enfant.
- Cesser de se dévaloriser et de se demander d'accepter l'inacceptable.
- Cesser la technique du blâme et du dénigrement en espérant que l'enfant changera pour éviter d'autres blâmes.
- Tracer une ligne pour mieux distinguer ce qu'il accepte et ce qu'il n'accepte pas.
- Introduire un système de conséquences quand les demandes verbales adressées à l'enfant n'ont plus de poids ; bref, responsabiliser le jeune (nous revenons plus loin, en page 121, sur le langage des conséquences).

Le syndrome de l'enfant omnipotent et du parent impuissant

Dans les familles où les parents abdiquent leur rôle d'autorité, l'enfant occupe de plus en plus d'espace, avec les années, et finit par dicter les règles du jeu. Cet enfant indiscipliné et tout-puissant devient lui-même victime de sa fausse liberté, victime de ses instincts.

À l'adolescence, on a le sentiment que le jeune occupe *toute* la place et que ce sont les parents qui sont en marge ou en attente. Comparons la vie de famille à un match de hockey ; il nous faut une patinoire, des règles de jeu, des joueurs et des zones réservées à chacun d'eux. À l'adolescence, on a le sentiment que le jeune occupe *toute* la patinoire et que les parents se retrouvent sur le banc des *joueurs en punition* ! Dans une famille dite normale, on s'attend à rencontrer des enfants qui demandent des permissions aux parents et des parents qui se sentent libres de dire « oui » ou « non » à ces demandes. Dans les familles de parents en perte d'autorité, on retrouve souvent la situation inverse : les parents, en raison du caractère colérique de l'enfant, en viennent à demander des permissions : permission de regarder leur émission de télévision favorite, d'utiliser le téléphone lorsque ça fait deux heures que l'ado s'en sert, d'occuper le meilleur fauteuil du salon quand un des parents veut se détendre en arrivant du travail parce que l'ado l'occupe en permanence. De telles situations sont réelles et courantes et ne sont pas du tout exagérées.

La liberté, ce n'est pas l'anarchie

Les enfants et surtout les ados revendiquent leur liberté, toujours plus de liberté. Cependant, liberté ne veut pas dire anarchie ; ce n'est pas non plus une absence de normes et de contraintes. La liberté peut devenir une tyrannie si elle n'est pas enchâssée.

La liberté est le bien le plus précieux, mais elle ne vaut rien si elle est sans limites. Cela devient même un élément destructeur. La vraie liberté ne consiste pas à vivre sans limites, mais plutôt à être à l'aise avec ses limites et à apprendre à en tenir compte. La discipline, c'est justement un cadre que l'on met à la liberté, qui permet de ne pas se détruire en l'utilisant. « Éduquer, nous disent Gauthier et Jeffrey, c'est aussi limiter le sentiment de toute-puissance de l'enfant. Les limites vont blesser, frustrer, restreindre, mais elles vont aussi apaiser, calmer, contenir. Les limites, en somme, permettent à l'enfant de se structurer. Il apprendra que les réactions pulsionnelles ne sont pas celles qui permettent de vivre harmonieusement avec les autres[38]. »

38. *Op. cit.*, Denis Jeffrey, p. 4.

La discipline : un ingrédient essentiel

Il y a deux pôles qui sont de première importance dans l'éducation : l'amour et l'encadrement que l'on traduit la plupart du temps dans le quotidien par le mot discipline.

Le rôle de parent comporte plusieurs volets. Le parent est :

- un dispensateur d'amour et d'affection ;
- un guide qui indique la route à suivre ;
- un modèle pour son enfant, nécessairement imparfait, mais exemple vivant qu'il cherche inconsciemment à imiter ou à contre-imiter une fois devenu adolescent ;
- un éducateur qui œuvre auprès de quelqu'un de complètement dépendant à sa naissance et qui devient le plus autonome possible.

Les adolescents ont tendance à se déclarer vite « assez grands pour » afin d'avoir le plus de liberté possible ; mais dans les faits, ils prennent leur autonomie complète de plus en plus tard dans la vie. Le film français *Tanguy* de Étienne Chatiliez est la caricature vivante de ces jeunes adultes qui n'en finissent plus de coller à la cellule familiale au grand désespoir des parents. À ce sujet, notons que plusieurs parents hésitent à s'affirmer face à leur jeune adulte au sujet des règles de vie à maintenir à la maison.

Le parent a aussi un rôle d'autorité à assumer et il ne peut y échapper, même s'il le trouve souvent difficile, lourd et négatif. Être en autorité ne signifie nullement faire preuve de méchanceté ou être en colère. Il y a des parents *en perte d'autorité* qui ont vécu dans leur enfance avec des parents *en perte de contrôle,* impulsifs, excessifs, injustes dans leur rôle d'autorité. En réaction, ils veulent éviter à leur jeune de vivre ce qu'ils ont eux-mêmes vécu. Ce faisant, ils confondent autorité et colère, violence et agressivité.

Les expressions « autorité dans son domaine », « faire autorité en la matière » font référence au rôle de modèle et de guide. Une personne en autorité ne donne pas seulement des punitions ou des amendes. Elle *autorise* aussi. Un parent qui exerce son rôle d'autorité encadre les apprentissages. L'amour reste très vivant dans la relation parent-enfant lorsque le parent ne cède pas à tous les caprices de son jeune. Ce dernier est le premier à être déçu lorsqu'on ne lui fixe pas de normes.

Qu'est-ce que la discipline ?

Les dictionnaires nous apprennent que la discipline est « l'ensemble des règles de conduite qui permettent à une collectivité de vivre dans le bon ordre ». Beaucoup de parents rêvent que leurs enfants s'autodisciplinent. Est-il réaliste d'espérer qu'un enfant s'autodiscipline spontanément sans qu'on l'ait d'abord discipliné ? L'enfant n'a pas tendance naturellement à courir après l'effort, à vouloir se dépasser, à faire des choses qui ne lui plaisent pas. Exigez peu de quelqu'un, même d'un adulte, et il vous donnera le minimum. Exigez beaucoup, il vous donnera davantage. La complaisance entraîne la médiocrité.

Nous avons parfois tendance à prendre les enfants pour de petits adultes : « Il va finir par comprendre ». Or, vous avez toutes les chances d'être épuisés avant qu'ils aient compris par eux-mêmes. Pourtant, il est normal d'exiger d'eux qu'ils fassent des choses, même s'ils ne comprennent pas tout de suite les tenants et aboutissants d'un comportement à adopter ou d'une action à accomplir. Le but de la discipline, ce n'est pas de narguer ou de rabaisser, mais de permettre à l'enfant de grandir, d'apprendre, de se dépasser, et aux parents de mener à terme leur tâche de parents sans y laisser leur peau !

La politesse et le savoir-vivre font partie de la discipline

La politesse est une façon de civiliser nos instincts. C'est un grand service à rendre à un enfant que de lui enseigner les règles de conduite minimales pour vivre en société. La politesse, ce n'est pas d'apprendre à se taire, mais c'est d'arriver à tout dire de façon acceptable et civilisée. C'est aussi une façon d'endiguer l'irrespect et la violence qu'on retrouve malheureusement déjà dans les centres de la petite enfance, dans les garderies et dans de nombreuses écoles primaires. Le taxage n'est qu'une forme de violence parmi tant d'autres. Soulignons, à titre d'exemple, l'idée de réinstaurer le vouvoiement à l'école ; l'objectif est de mettre un frein à l'irrespect de plusieurs élèves envers leurs maîtres.

Il en est de même pour le savoir-vivre. Comment un enfant peut-il savoir comment on se comporte à table ou comment on aborde quelqu'un, si on ne lui montre pas ? Pour intégrer une discipline personnelle, il faut d'abord en avoir appris une. Plus tard, à l'adolescence et à l'âge adulte, chacun peut faire les choix de comportement qui lui conviennent, mais pas avant !

Les qualités d'une règle

Qui dit « discipline » dit « règles à suivre ». Une règle doit avoir cinq qualités principales.

- **Une règle doit être connue et claire.**

  Beaucoup de parents croient à tort que les enfants connaissent clairement les attentes qu'ils ont par rapport à certains comportements. Ne craignez pas de trop expliquer la règle, même s'il n'en comprend pas vraiment le pourquoi.

- **Une règle doit être cohérente.**

  Ici il faut faire attention, car il peut y avoir plusieurs écueils. Lorsqu'il y a deux parents pour élever l'enfant, l'un et l'autre doivent clarifier leurs différences respectives en éducation ; aucun ne doit tenir pour acquis que l'autre voit les choses de la même façon que lui ou elle. Ce qui est important pour l'un ne l'est pas nécessairement pour l'autre. Il faut donc s'entendre sur ce que nous voulons exiger de nos enfants. C'est une question de cohérence parentale. Et pour y arriver, il faut se préparer à mettre de l'eau dans son vin. Chacun des deux parents et chaque enfant en sortiront gagnants : « Je t'appuie sur un aspect qui m'apparaît moins important et tu fais de même pour moi ». Si vous ne parvenez pas à cette entente avant l'adolescence, il se peut que la famille éprouve alors beaucoup de difficultés, même si elle a fonctionné tant bien que mal jusque-là. Les ados excellent à détecter et à refléter les contradictions et les incohérences de leurs parents, afin de se faufiler entre eux et même de les placer en situation de conflit.

Dans le cas où il n'y a qu'un seul parent, celui-ci doit également arriver à détecter ses contradictions entre ce qu'il exige des enfants et ses propres attitudes et comportements. Les résultats d'une étude longitudinale toute récente, menée pendant cinq ans auprès d'élèves du secondaire, révèlent sept facteurs qui permettent de déceler les élèves risquant le décrochage scolaire. Le deuxième de ces facteurs est le manque d'organisation et de cohésion parentale, le premier étant les sentiments dépressifs chez le jeune. C'est dire à quel point l'encadrement familial a de l'importance pour l'avenir du jeune[39].

39. Laurier Fortin, Pierre Potvin, Diane Marcotte et Égide Yergeau. « La prédiction du risque de décrochage scolaire au secondaire : facteurs personnels, familiaux et scolaires » *Revue canadienne des sciences du comportement* 2004 36 (3) : 219-231.

Reproduit avec l'autorisation d'André Provencher et André-Philippe Côté.

- **Une règle doit être constante.**

  Ici on ne parle pas de perfection, car il y a des jours où l'adulte aussi a de la difficulté à être persévérant et constant. Toutefois, il y a un minimum de constance à sauvegarder dans les règles, sinon tout le monde s'y perd.

- **Une règle doit être associée à une conséquence lorsqu'il y a une infraction répétée.**

  De nombreux parents hésitent à pénaliser leur enfant ou ne savent pas trop comment s'y prendre, craignant souvent de paraître méchant s'ils le faisaient[40]. Or, il faut savoir qu'une règle sans conséquence est inutile. Dans notre société, tout règlement non suivi comporte une pénalité. Pourquoi en serait-il autrement dans cette petite société qu'est la famille ?

Aucune famille ne peut se passer de règles. Les enfants ne peuvent apprendre à vivre la liberté de façon vraiment responsable s'ils sont sans balises, sans réelle discipline. Il y a sûrement peu d'enfants qui remercient leurs parents de leur dire *non*, d'exiger d'eux qu'ils donnent le meilleur d'eux-mêmes, de ne pas être complaisants quand ils ont un rendement médiocre par rapport à leurs capacités. Cependant, il se peut que les remerciements arrivent quand ils auront grandi ; mais vaut mieux ne pas attendre après cela et accepter de ne pas être toujours populaires auprès des jeunes.

Vous devrez donc accepter de provoquer des tempêtes par des *non* que vous sentez devoir dire. Un jour, peut-être, votre enfant vous dira : « Merci de m'avoir aidé à devenir quelqu'un de grand qui sait utiliser sa liberté, une vraie liberté responsable ». Encore faut-il être capable de se passer de l'affection de son jeune pendant quelques heures, parfois même quelques jours. Vous est-il

40. Voir à ce propos la section « Le langage des conséquences », p. 121 et suivantes.

possible d'imaginer que vous restez un bon parent même si votre jeune ne vous perçoit pas comme tel pendant un certain temps ? Cela met en évidence la nécessité que vous ayez d'autres sources d'affection et de gratification que vos enfants ; sinon, il se peut qu'à l'adolescence vous traversiez un désert affectif et que vous soyez en manque d'estime de vous-même. De façon générale, les ados ne sont pas ceux qui contribuent le plus à relever le niveau de votre estime de soi.

De façon schématique, voici les attitudes susceptibles d'être profitables et celles qui peuvent nuire à l'éducation de vos ados.

Ce qui aide les jeunes

Avoir des positions bien arrêtées tout en restant ouvert

Les ados apprécient que vous ayez des positions bien arrêtées sur la vie de famille et les valeurs que vous véhiculez, même s'ils semblent les rejeter. Cependant, ils apprécient également que vous vous montriez ouverts et capables d'entendre leur point de vue.

Être ferme sans être rigide

Plusieurs parents confondent fermeté et rigidité dans l'application des règles. On peut pardonner un ou deux écarts, mais pas dix ! C'est tout un art que celui d'arriver à démêler ces deux attitudes fort différentes ; pour y arriver, on fonctionne par essais et erreurs…

Éviter le blâme et la violence rancunière (les factures cachées)

Nombre de parents sont dépassés par certains comportements de leur jeune, qu'ils jugent inacceptables. Ils ne font que le blâmer systématiquement et le charger de ce que nous appelons une violence rancunière. Quand des parents dépassent leurs limites et accumulent des frustrations, ils préparent souvent des *factures cachées* qui se traduisent de la manière suivante: «Après tout ce que j'ai fait pour toi, tu devrais être plus reconnaissant». Ce genre de blâme survient quand on a gardé le silence sur plusieurs comportements répréhensibles et que, sans réagir, on a laissé enfreindre des règles connues. Souvent, le jeune n'est même pas conscient de toutes ces occasions où le parent a été trop tolérant.

Éviter le harcèlement en rabâchant constamment les erreurs du passé

Quand on a commis une erreur et payé son dû, on aime bien ne pas se faire rappeler constamment ce comportement répréhensible. Sur ce point, les ados ne sont pas différents des adultes. Ils veulent avoir une deuxième chance. Dans la vie de famille, certains parents ont tendance à insister sur les erreurs de leur jeune et à les lui rappeler souvent, en croyant à tort que cela va empêcher le jeune de les commettre à nouveau. Cela ne mène nulle part et, en dépit de l'intention contraire du parent, cela augmente les chances de récidive. Nous voulons tous que l'ardoise de nos erreurs soit effacée. Il vaut mieux regarder le présent que le passé et le pardon réel a bien meilleur goût. Les jeunes apprécient qu'on efface régulièrement l'ardoise.

Dire «non» quand il le faut

Cela peut sembler élémentaire, mais il s'agit ici d'une attitude incontournable qui aide les jeunes; même s'il est fort possible qu'à court terme ils soient déçus ou choqués.

Entendre les questions qui se cachent derrière certaines affirmations des jeunes

Quand un jeune dit à son parent qu'il ne fera pas ce qu'on exige de lui (par exemple, entrer à une heure que le parent a fixée), il y a la plupart du temps derrière cette affirmation une interrogation cachée qui pourrait se formuler comme suit: «Que feras-tu? Que m'arrivera-t-il si je ne me rends pas à ta demande?» Beaucoup de parents restent bouche bée devant de telles prises de position de leur jeune (Exemple: «Je vais le faire quand même») et ne disent rien. Qui ne dit mot consent, dit le dicton. Il est de première importance de répondre clairement au jeune: «Eh bien, si tu ne le fais pas, tu auras telle conséquence». Vous pouvez être assuré que votre jeune y pensera deux fois avant de désobéir.

Ce qui n'aide pas les jeunes

La complaisance

Votre jeune sera peut-être satisfait à court terme si vous fermez les yeux sur un manque d'effort ou sur un résultat scolaire médiocre mais, au fond de lui, il sentira votre déception. Il s'attend à davantage de votre part si vous désirez qu'il ait du respect pour ce que vous êtes.

La démission

Les parents essoufflés ne devraient pas démissionner plus de 24 heures à la fois! Si votre jeune sent que vous abandonnez la partie, que son éducation ne vous tient plus à cœur, il peut être tenté d'en faire davantage pour vous faire réagir. Par ailleurs, soyez assuré que dans cette situation son estime de lui-même est en chute libre. Démissionner ne fait que des perdants.

Le contrôle excessif

Pour que la vie à la maison soit possible et intéressante, vous avez des règles à fixer et à faire respecter, mais vous n'avez pas à contrôler tout ce que fait votre jeune. Heureusement d'ailleurs. Certains parents émettent des règles et sont très tatillons quant à leur exécution. Or, si votre jeune a bien compris l'esprit de la règle en question, c'est déjà bien. Fait-il des efforts pour s'y conformer, même imparfaitement ? Alors, ez patient, sans perdre de vue l'objectif à moyen terme. Ne lui demandez pas tout de suite la perfection et évitez l'attitude de celui qui tient à tout prix à le prendre en défaut sur des détails de moindre importance. De plus, vous n'avez pas à tout savoir sur ce que votre jeune pense ou fait. Lui aussi a droit à son jardin secret…

Croire qu'ils sont des adultes avant le temps

Certains parents sont portés à croire leur ado quand celui-ci leur dit qu'à 14, 15 et 16 ans, il n'a pratiquement plus de comptes à leur rendre et qu'il est assez grand pour décider seul de son emploi du temps, de ses heures de rentrée, de ses fréquentations, etc. Rien n'est plus faux. Les pages qui suivent rappellent que la loi québécoise confère aux parents le droit d'exercer un contrôle certain sur leur jeune, jusqu'à sa majorité.

Les droits et devoirs des parents

À la fin des années 1970, en raison du vide juridique existant par rapport aux droits explicites de l'enfant, le gouvernement du Québec vota la *Loi sur la protection de la jeunesse*[41]. La publicité gouvernementale rappelait alors que « les jeunes ont leurs droits ». Vers la fin des années 80, on sentait que de plus en plus de jeunes se comportaient comme s'ils étaient les seuls à avoir des droits. On a alors senti le besoin de corriger le tir en émettant le slogan suivant : « Les jeunes ont des droits, les autres aussi ». On avait passé sous silence les droits des parents, laissant entendre que ceux-ci n'avaient que des obligations envers leurs enfants. Or, il est bien clair que les parents ont des devoirs *ET* des droits.

41. La *Loi sur la protection de la jeunesse* établissait pour la première fois en 1979, au Québec, les droits spécifiques de l'enfant.

Gare à la surprotection !

Reproduit avec l'autorisation d'André-Philippe Côté.

À une époque où les jeunes veulent gérer leur vie assez tôt, beaucoup de parents se demandent s'ils ont encore le droit d'exercer un certain contrôle sur leurs allées et venues. Leur enfant leur envoie le message suivant : « Ce sont mes amis, c'est ma vie, tu n'as pas un mot à dire ».

Pourtant, la loi est très explicite là-dessus. À titre d'exemple, regardons ce résumé des droits et devoirs des parents, tiré du *Manuel de références sur la protection de la jeunesse*, lui-même conçu à partir du Code civil du Québec. La lecture de ces quelques lignes devrait être rassurante pour beaucoup de parents et avoir l'effet d'une bonne nouvelle : les parents n'ont pas que des devoirs, ils ont aussi des droits, tout comme les jeunes, d'ailleurs.

Le Code Civil du Québec, révisé en 1994, établit les droits et devoirs des parents comme suit :

> *Les père et mère ont à l'égard de leur enfant, le droit et le devoir de garde, de surveillance et d'éducation. Ils doivent nourrir et entretenir leur enfant.*
> (article 599 C.C.Q.)

Le droit et le devoir de garde

Le droit et le devoir de garde des parents s'accompagnent de l'obligation faite à l'enfant de résider à la demeure familiale :

> *Le mineur non émancipé ne peut, sans le consentement du titulaire de l'autorité parentale, quitter la demeure familiale.*
> (article 602 C.C.Q.)

> « Le droit et le devoir de garde ne se limitent pas à la simple cohabitation. Cet attribut de l'autorité parentale est particulièrement important puisqu'il rend possible, dans les faits, l'exercice concret et régulier des autres responsabilités parentales. Autrement dit, l'exercice de l'ensemble des responsabilités parentales exige de la part des parents une certaine présence auprès de leurs enfants[42] ».

Le droit de garde constitue l'attribut le plus précieux de l'autorité parentale. Il confie à son titulaire un large pouvoir sur la conduite, les occupations, les sorties et les relations de son enfant mineur.

Le droit et le devoir de surveillance

La surveillance comporte des dimensions morale et matérielle. Ils sont très liés au droit et au devoir d'éducation.

Les parents doivent veiller avec attention et autorité non seulement sur la personne physique de l'enfant, mais aussi sur son développement moral et psychologique. C'est dire qu'ils ont droit de regard sur ses allées et venues, ses fréquentations, ses loisirs. « Dans la pratique, les parents doivent savoir, dans la mesure du possible, où se trouve leur enfant, ce qu'il fait, qui il fréquente. Ils doivent fixer les balises à l'intérieur desquelles leur enfant évoluera et intervenir au besoin pour tenter de les lui faire respecter, dans l'intérêt et le respect de ses droits, compte tenu de son âge, de sa maturité, etc.[43] »

Le droit et le devoir d'éducation

> « Le droit et le devoir d'éducation fondent juridiquement la responsabilité la plus importante et la plus vaste qui incombe aux parents. Les responsabilités de garde, de surveillance et d'entretien n'ont véritablement de signification qu'associées à celle d'éducation. L'éducation correspond à l'ensemble des moyens pris par les parents dans le but d'assurer le développement physique, intellectuel, affectif, social, moral et spirituel de l'enfant[44]. »

42. *Manuel de référence sur la protection de la jeunesse*, Ministère de la santé et des services sociaux, Gouvernement du Québec, 1998. p. 38.
43. *Ibid.*, p. 38.
44. *Ibid.*, p. 38.

Il est à noter que ces devoirs peuvent être délégués par les parents à des tierces personnes mais ils gardent toujours la responsabilité de voir à ce que ces devoirs soient correctement accomplis.

Le devoir de nourrir et d'entretenir

> «Il y a lieu de souligner, au départ, que l'exercice du devoir de nourrir et d'entretenir leur enfant ne peut être délégué par les parents; c'est une obligation impérieuse qu'ils doivent assumer personnellement.
>
> Le devoir de nourrir et d'entretenir, souvent appelé "le devoir d'entretien", correspond à un ensemble de responsabilités qui portent sur les aspects suivants:
>
> - satisfaire les besoins vitaux de l'enfant en lui procurant les choses nécessaires à la vie: nourriture, logement, vêtements, médicaments, etc.;
> - lui fournir les moyens nécessaires à son développement intellectuel, dont les moyens financiers requis pour son instruction, y compris le matériel scolaire indispensable;
> - lui donner les moyens d'acquérir progressivement l'autonomie qui va ordinairement de pair avec la maturité, par exemple s'instruire et se préparer à l'exercice d'un métier, d'une profession[45].»

En conclusion, si vous êtes parent et avez de la difficulté à affirmer votre autorité, vous pourrez dire à votre jeune: «Même l'Assemblée Nationale est d'accord avec moi là-dessus! Je ne peux échapper à ma responsabilité légale d'exercer un droit de regard sur tes allées et venues, et quoique tu en penses j'ai mon mot à dire!»

45. *Ibid.*, p. 39.

Le langage des conséquences : élément essentiel de la discipline

Il est important de bien comprendre que le langage des conséquences doit survenir après l'échec du langage tout court. Quand un parent fait des demandes légitimes et répétées à son ado, et que ce dernier n'en tient pas compte, il faut alors parler autrement.

Voici donc quelques conseils sur l'utilisation du langage des conséquences.

- Identifier, d'abord pour soi, le comportement qui est inacceptable et qui ne sera plus accepté, puis le nommer et le dénoncer en présence du jeune. Être le plus précis et concret possible. Cela oblige le parent à établir sa ligne d'acceptation et de refus. Il doit expliquer succinctement et clairement ce qui le dérange dans ce comportement. Ici, le « je » permet d'exprimer ce qu'un tel comportement provoque sur le plan affectif. Il faut toujours se rappeler qu'on ne peut tout changer en même temps. Il vaut mieux choisir un premier changement et le réussir, avant de passer à un autre.
- Annoncer une conséquence le plus possible en rapport avec le comportement inacceptable. Plus la conséquence suit de près l'événement ou le comportement inacceptable, plus elle est efficace.
- Lorsqu'il y a « infraction », rappeler ce qui avait été annoncé : « Tu te rappelles ce que je t'avais dit à ce sujet ? » Si le jeune feint de ne pas s'en souvenir, il faut le lui rappeler de nouveau et de façon succincte, puis donner la conséquence en précisant quand elle entrera en vigueur, comment et combien de temps elle durera.

Ces consignes valent autant pour un comportement à décourager que pour un comportement qu'on veut voir apparaître.

Les conditions qui favorisent l'efficacité du langage des conséquences

- Ressentir assez de frustration pour avoir la ferme volonté d'en finir avec un comportement. Bon nombre de parents ont constaté que, le jour où ils décident qu'ils ne toléreront plus un comportement irritant ou inacceptable, leur jeune, comme par magie, comprend le message et change son comportement. Que s'est-il passé ? Simplement que les parents ont exprimé TRÈS CLAIREMENT leur exaspération. Que faut-il en conclure à propos des comportements qui irritent les parents et qui se répètent ? À notre avis, les parents ne prennent pas suffisamment au sérieux leur propre frustration et ne se décident donc pas à agir.
- Être cohérent et régulier dans l'administration des conséquences : passer de la parole aux actes.
- Ne pas décider d'une conséquence sous le coup de la colère : si on est trop en colère, on peut annoncer qu'il y aura une conséquence, mais qu'elle sera précisée plus tard. Habituellement, cela a déjà l'effet d'une conséquence.
- Ne pas commencer par des conséquences trop lourdes. Il sera toujours temps d'y venir. La conséquence doit rester proportionnelle à la « faute ».
- Ne pas trop hypothéquer l'avenir par des conséquences lointaines. Idéalement, la conséquence doit être rapidement exécutée pour que l'on puisse recommencer régulièrement à neuf; sinon, tout le monde se décourage, le jeune comme le parent.
- Rappeler au jeune que nous continuons de l'aimer même si nous lui donnons un conséquence. C'est le comportement qu'on veut éliminer, pas le jeune !
- Choisir une conséquence en lien avec le geste reproché, chaque fois que c'est possible. Par exemple, s'il s'agit d'une

heure de rentrée trop tardive, il serait logique de donner une conséquence, comme de devancer l'heure de rentrée lors de la prochaine sortie. S'il s'agit plutôt d'un manque de respect sur le plan du langage, il faut penser à une conséquence en lien avec ce manquement.

- Éviter d'humilier le jeune en réglant en public des conflits qui ne regardent que vous deux.
- Choisir une conséquence qui ne soit pas un fardeau trop lourd à gérer pour le parent.
- Ne pas annoncer une conséquence qui engage l'autre parent sans s'assurer de son accord et de sa coopération.
- Se rappeler que la conséquence qui a le plus d'impact est celle qui dérange votre jeune, celle qui crée un inconfort. On peut parfois demander l'avis du jeune sur ce que mérite son comportement.

  On a souvent des surprises face à ces suggestions. Contrairement à ce qu'on pourrait penser, le jeune propose souvent des conséquences beaucoup plus lourdes que ce qu'on aurait imaginé. Par ailleurs, certains proposent ce qui les dérange le moins. Se rappeler que c'est le parent qui décide de la conséquence et non le jeune.
- Un rappel important : le langage des conséquences remplace le sermon, aussi frustrant que cela puisse être pour certains parents !
- Finalement, il est important d'avoir en tête que l'objectif premier du langage des conséquences n'est pas de devenir un parent tortionnaire à qui ses jeunes obéissent au doigt et à l'œil, mais bien de se donner de bonnes conditions de vie familiale.

Des suggestions au chapitre des conséquences

Nombreux sont les ados qui tentent de convaincre leurs parents que le langage des conséquences est dépassé et qu'il s'agit d'une forme de chantage dont ils ne veulent plus. Il est approprié de leur rappeler que, dans la plupart des domaines de la vie sociale, même les adultes vivent sous le règne des conséquences. Une contravention suite à une infraction au code de la route constitue une conséquence. Pourquoi les ados seraient-ils exempts d'une telle logique ?

Voici quelques suggestions de conséquences. Comme vous pourrez le constater, il y en a qui conviennent à des ados de 12 à 14 ans, et d'autres à des ados plus âgés. Vous n'êtes pas obligé d'être en accord avec toutes, mais toutes peuvent être utiles. Il est bon de se rappeler que la plupart des ados tiennent pour acquis ce dont ils bénéficient : activités, autorisations, privilèges. Le langage des conséquences est efficace parce qu'il leur rappelle que rien n'est définitivement acquis si leur comportement devient irresponsable.

Retrait d'objets pour un certain temps ou modification temporaire de leur utilisation

- Bicyclette (restreindre ou interdire son usage pour une certaine période). À notre avis, il ne sert à rien de commencer en confisquant la bicyclette pour une longue période. Commencez par une ou deux journées et vérifiez l'effet de cette conséquence sur le comportement de votre jeune. Si la leçon ne porte pas fruit, vous pouvez allonger la période de confiscation.
- Système de son ou baladeur (walkman). Ici, on procède de la même façon que pour la bicyclette.
- Téléphone : soit le retirer de sa chambre, soit l'interdire pour un temps ou en limiter l'accès à certains moments,

filtrer les appels, etc. Combien de parents sont exaspérés par le nombre incroyable d'appels téléphoniques que leur jeune reçoit à l'heure des repas. Nous suggérons à ces parents d'indiquer clairement à leur jeune une période de temps pendant laquelle ils ne peuvent recevoir des appels téléphoniques, et d'offrir au jeune le choix suivant : « Tu préviens tes amis de cette règle ou tu préfères que je le fasse moi-même ? » Le jeune préférera sûrement le faire lui-même !

- L'argent de poche (allocation hebdomadaire) : la couper, en tout ou en partie. Nombre de jeunes sont très sensibles à cette conséquence. Ne dit-on pas que « l'argent est le nerf de la guerre » ?

  Il convient ici d'attirer votre attention sur un piège dans lequel tombent plusieurs parents, qui consiste à rétribuer financièrement chaque service rendu. Parents et ados perdent alors de vue le sens de la participation gratuite à l'effort familial. Il importe plutôt de passer le message suivant au jeune : « Nous voulons t'aider à apprendre comment utiliser l'argent et nous sommes aussi conscients que tu as des besoins financiers. À chaque semaine, nous te donnerons un montant fixe. En retour, nous attendons de toi que tu nous rendes certains services et que tu sois responsable des tâches qui te reviennent (ranger ta chambre au moment propice, donner un coup de main pour certains travaux ménagers qui concernent l'organisation de notre vie de famille...). Cependant, cette allocation peut être révisée à la baisse ou à la hausse s'il y a des changements significatifs dans ta collaboration et les efforts fournis ».

- Limiter ou interdire l'accès à l'ordinateur, aux jeux vidéo, à Internet. Ces années-ci, ce moyen apparaît particulièrement efficace.

Retrait de permissions ou modification des ententes habituelles

- Les sorties (heure de sortie retardée ou heure de rentrée devancée). Connaissant l'empressement des jeunes à aller retrouver leurs amis, soulignons qu'il peut être très dérangeant pour eux de se voir imposer une heure de sortie plus tardive après le souper.
- Permission de recevoir des amis pour passer la soirée à la maison.
- Permission d'aller coucher chez un ami ou de recevoir à coucher.
- Modification de l'heure du coucher.

Retrait de privilèges

- Cesser de laver les vêtements de votre jeune qui ne range pas sa chambre ou qui ne met pas ses vêtements au lavage, etc.
- Ne pas lui prêter l'auto de la famille. Encore là, plusieurs ados ont tendance à considérer que, parce qu'ils ont un permis de conduire, l'usage de l'auto familiale leur revient en priorité. Il est bon de leur rappeler qu'ils jouissent d'un grand privilège et que c'est une grande marque de confiance qui leur est accordée. Par conséquent, ils doivent avoir un comportement qui le mérite.
- Ne plus véhiculer votre jeune. Voilà un moyen très puissant de faire réfléchir un jeune sur son comportement. Comment se fait-il que tant de parents, à qui le jeune manque totalement de respect sur le plan du langage par exemple, continuent de le véhiculer pour qu'il puisse participer à toutes sortes d'activités ?
- Confisquer les clés de la maison. Cette conséquence est particulièrement pertinente lorsque l'ado utilise la maison

familiale de façon irresponsable (par exemple lorsqu'il organise un party sans demander de permission et qu'il y a des dégâts). Le jeune comprend alors que la maison ne lui appartient pas en propre et que son usage doit être empreint de respect envers les personnes et les objets.

Arrêt d'agir

- Retrait dans sa chambre. Il s'agit là d'une mesure qui fait vraiment réfléchir, à condition évidemment que les parents aient suffisamment d'autorité pour l'imposer. Encore une fois, la période de retrait ne doit pas nécessairement être très longue. Elle est particulièrement indiquée lorsque l'échange verbal entre parents et ados monte en intensité. Cette « pause » aide chacun à retrouver son sang-froid. Cette pénalité porte fruit surtout quand elle est suivie d'un retour sur ce qui l'a motivé et sur le comportement souhaité à l'avenir.
- Mise à la porte temporaire (quelques minutes ou plus) lorsqu'il y a un comportement perturbateur, irrespectueux ou violent. Exemple : obliger deux frères ou sœurs, qui se querellent constamment en votre présence, à aller poursuivre leur querelle dehors pendant dix minutes. Habituellement, quand les jeunes n'ont plus de spectateurs, ils prennent beaucoup moins de plaisir à se quereller !
- Gestes ultimes : faire appel à la police ou à la direction de la Protection de la jeunesse si vous avez perdu le contrôle de la situation. Les parents hésitent beaucoup à utiliser ces soutiens sociaux de l'autorité parentale, mais l'expérience démontre que c'est une bonne façon de se redonner du pouvoir comme parent, si on l'a pratiquement perdu.

Associer un privilège à un comportement exigé

On peut souvent inciter un jeune à avoir un comportement responsable en y associant un privilège ou quelque chose qu'il désire obtenir. C'est ce qu'on appelle communément un renforcement positif. En voici deux exemples :

- « Tu pourras regarder la télé quand tu auras fait tes devoirs ».
- « Tu pourras sortir le vendredi soir dès que tu auras remis ta chambre à l'ordre ».

Report de promesse

- « Je ne peux te donner ce que je t'avais promis, car tu n'as pas fait ce que je t'ai demandé. À toi de décider quand tu veux l'avoir ». Il ne s'agit pas ici de manquer à une promesse, mais de signifier clairement au jeune qu'il ne peut tout avoir sans rien donner en retour. C'est la loi du donnant-donnant, que plusieurs parents oublient.

Comme on voit, il y a place pour beaucoup de créativité. Faites marcher votre imagination.

CHAPITRE 5

DES PRINCIPES D'ÉDUCATION DIFFÉRENTS

Dans les années 80, quelques mouvements se sont développés pour renverser la tendance à une trop grande permissivité dans l'éducation. Le mouvement *Tough Love* est de ceux-là. Nous le prenons en exemple parce qu'il fut l'un des premiers et parce que sa popularité témoignait d'un désir de retour à des valeurs plus « traditionnelles » dans la façon d'éduquer les enfants et, surtout, les adolescents. Tout comme notre approche thérapeutique familiale auprès des parents d'ados, notre approche de groupe s'est inspirée de plusieurs des principes du mouvement *Tough Love*[46]. Le chapitre qui suit énumère ces principes, ainsi que l'usage personnel que nous en avons fait.

Le contexte historique

Au cours des années 80, le mouvement *Tough Love* a connu une grande popularité en Amérique du Nord. Il avait été créé par un couple de psychologues, Phyllis et David York qui, au départ, avaient adhéré aux principes de la non-frustration et de l'écoute maximum des besoins de leurs enfants. Ils se sont retrouvés avec des ados complètement irresponsables et face auxquels ils

46. Phyllis et David York et Ted Wachtel. *Tough Love*. New-York: Doubleday & Co., 1982.

étaient en réelle perte d'autorité. Ils avaient essayé les médecines traditionnelles, la patience, la compréhension, la communication, les pleurs, la colère, les psychotropes, les psychothérapies… sans succès. Leurs jeunes continuaient de les manipuler, de faire la loi, bref de se conduire de façon irresponsable.

C'est pourquoi, avec l'aide d'autres parents en perte d'autorité, ils ont revu en profondeur leur façon d'éduquer leurs enfants. Ensemble, ils ont élaboré une série de principes auxquels ont adhéré par la suite de nombreux groupes d'entraide en Amérique du Nord.

Nous-mêmes utilisons souvent plusieurs de ces principes dans les groupes d'entraide que nous animons. Bien que cette approche ait parfois l'effet de rendre encore plus cassants certains parents déjà rigides, elle en aide d'autres à acquérir des attitudes nettement plus saines avec leurs jeunes. Voici quelques-uns de ces principes que nous trouvons fort utiles pour des parents en perte d'autorité.

Premier principe : les problèmes familiaux ont des racines culturelles

Ce n'est pas par hasard que nombre de parents ont aujourd'hui de la difficulté à assumer leur rôle d'éducateur. La société est permissive et, en même temps, elle engendre de nouveaux courants de pensée en psychologie qui ont leur influence sur les parents. Plutôt que d'exercer l'autorité, ceux-ci se plient aux tendances qui règnent sur le plan social et privilégient à outrance l'écoute et le dialogue.

Ce premier principe met bien en lumière le fait que les parents n'éduquent pas leurs enfants en vase clos et que, au même titre que les autres éducateurs, ils sont influencés par les valeurs qui voient le jour dans notre société. Le chapitre 3 l'a abondamment illustré.

Reproduit avec l'autorisation d'André Provencher et André-Philippe Côté.

Les ados aussi subissent l'influence des normes culturelles de leur environnement sur plusieurs plans (loisirs, usage de drogues, relations sexuelles, vêtements, langage, activités délinquantes, etc.). Ces influences sont combinées aux effets d'une éducation basée sur la permissivité et soutenue par les théories de la non-directivité, tant en milieu familial qu'en milieu scolaire. Les parents qui ont perdu le contrôle sur leurs jeunes ont donc tout intérêt à adopter une autre perspective comme éducateurs.

Pour les parents en perte d'autorité, l'approche *Tough Love* prône un virage à 180 degrés afin de jouer adéquatement leur rôle d'éducateur et d'adulte en situation d'autorité.

Deuxième principe : les parents sont aussi des êtres humains

Depuis les années 80, on a beaucoup insisté sur les devoirs des parents. Conditionnés par une culture centrée sur l'enfant, qui valorise la communication, l'initiative, l'expression des sentiments, et qui incite les adultes à donner aux jeunes ce qu'ils n'ont jamais eu, les parents se plient le plus souvent aux seuls désirs de leurs enfants, niant ainsi l'existence de leurs propres sentiments, de leurs propres besoins.

Les parents doivent prendre conscience qu'ils n'ont pas que des devoirs, mais qu'ils sont aussi des personnes, des êtres humains avec des droits ; le droit de savoir où est leur jeune, le droit de dormir la nuit, le droit de se faire parler avec respect, etc.

Ce principe justifie pleinement le genre d'intervention suivante, qu'un parent peut très bien faire auprès de son jeune : « Avant de te donner l'autorisation d'aller à cette soirée avec tes amis, je veux savoir l'endroit précis où tu seras, avec qui, s'il y aura la présence d'adultes responsables avec qui je pourrais communiquer, par quel moyen de transport tu reviendras de cette activité et avec qui ? Y aura-t-il consommation d'alcool ?

Avez-vous un chauffeur désigné pour vous ramener en toute sécurité ? À quelle heure comptes-tu rentrer ? » ou « Voici l'heure à laquelle je te demande de rentrer ». Quant au respect dans le langage et les gestes, il est exigible en tout temps.

Troisième principe : il y a des limites aux capacités matérielles et émotives des parents

Notre société laisse croire aux jeunes qu'ils vivent dans une société d'abondance et qu'il n'y a pas de limites aux biens matériels qu'ils peuvent demander à leurs parents. Ces derniers, souvent par peur de déplaire ou pour acheter la paix, sont parfois tentés de dépasser leurs limites financières. Sur le plan émotif, c'est la même chose. Ce n'est pas vrai qu'un parent est toujours disposé à écouter son jeune au moment où lui, le jeune, est prêt. Les parents auraient avantage à être plus transparents autant dans leurs limites matérielles qu'affectives. L'approche *Tough Love* invite les parents à légitimer leurs propres sentiments, à donner à leur jeune, mais aussi à exiger en retour.

Concernant l'achat d'un vêtement, un parent peut dire à son jeune : « Écoute, je reconnais que tu as besoin de nouveaux souliers. Cependant, le montant que je peux y consacrer est limité. Si tu tiens à t'acheter des souliers à la dernière mode, tu dois assumer la différence de prix ».

Dans un autre domaine : « Je sais que tu ressens le besoin de me parler de ce que tu as vécu aujourd'hui et que tu veux le faire tout de suite. Je ne suis malheureusement pas disponible maintenant pour t'écouter vraiment. Que dirais-tu si on reprenait cette discussion plus tard ce soir ou demain ? » Il vaut mieux remettre une discussion importante que de la bâcler en faisant semblant d'écouter et de donner une permission ou un avis que nous regretterions. Certains ados sont spécialisés dans l'art de coincer le parent dans le temps, en invoquant une urgence, dans l'espoir d'obtenir une réponse favorable, particulièrement sur une question où ils pressentent la réticence du parent à accorder une telle permission. Par exemple, l'ado demande à la dernière minute, sur le point de partir: «Est-ce que je peux rester à coucher chez mon ami?» Si telle est la situation, nous suggérons au parent de répondre à peu près ceci: « La permission que tu me demandes exige réflexion et je dois en parler avec ton père. Si tu veux absolument une réponse immédiate, ce sera «non». Si tu me donnes le temps d'y réfléchir, il y a des chances que ce soit «oui», mais pas assurément. Je ne veux pas discuter ce genre de choses sous pression. Si cette question est vraiment importante pour toi, à l'avenir, parles-m'en à l'avance. Alors, quelle réponse préfères-tu?» Avec une telle attitude, vous avez toutes les chances que votre ado ne vous coince plus par des demandes de dernière minute!

Quatrième principe: parents et enfants ne sont pas égaux

L'approche *Tough Love* affirme haut et clair qu'il y a effectivement «deux poids, deux mesures» dans le statut des membres de la famille. Les parents ont une responsabilité d'éducateur que les enfants n'ont pas et cette responsabilité est assortie de plusieurs devoirs auxquels ils ne peuvent échapper. C'est comme sur un navire; capitaine et matelots sont égaux en dignité, mais leurs rôles sont différents.

Aucune démonstration logique ne réussira à satisfaire un jeune qui doit rentrer tôt le soir alors que ses parents peuvent rentrer plus tard. Cependant, les parents se doivent de *l'exiger* lorsqu'ils le jugent à propos. C'est ce que nous appelons l'utilisation de la *carte papa* ou *carte maman*, quand on est à court d'arguments face à un jeune qui ne veut ni comprendre ni accepter que vous ayez telle ou telle exigence. L'argument final est simple : « C'est parce que je suis ton père, ou que je suis ta mère, que je suis en droit de l'exiger ou de le refuser. Point final». Évidemment, vous aurez compris que c'est une carte à utiliser à bon escient et après avoir échoué en donnant des explications au jeune.

Cinquième principe : le fait de blâmer entretient un sentiment d'impuissance

Quand on se sent victime et qu'on se perçoit comme impuissant à réagir, on est porté naturellement à blâmer les autres ou soi-même pour ce qui arrive. Or, le blâme paralyse :

- on peut s'en vouloir et se blâmer d'avoir été un parent trop absent, trop permissif ;
- on peut mettre l'accent sur le manque de discipline de l'école et blâmer celle-ci ;
- on peut accuser les autorités policières et même la magistrature de protéger les criminels et les revendeurs de drogues ;
- on peut blâmer les médias de diffuser de la violence, du sexe, etc.

Le blâme peut nous occuper beaucoup et nous fournir une bonne excuse pour ne rien faire de productif.

En fait, l'approche *Tough Love* ne cherche pas à nier que des parents ont eu un comportement abusif, négligent ou déficient. Elle les invite plutôt à mettre le passé en perspective, à accepter les faits tels qu'ils sont, à reconnaître ce qui a pu faire mal, à arrêter de se culpabiliser et à aller de l'avant. Elle ne donne pas l'absolution, mais elle transforme le sentiment de *culpabilité* en un sentiment de *responsabilité*. Ainsi, les parents deviennent des adultes responsables et capables d'aider leur jeune à devenir aussi un adulte responsable, qui fait des choix de comportement dont il peut assumer les conséquences.

Nous attirons particulièrement votre attention sur une situation qui arrive fréquemment, où le jeune se plaint de l'attitude ou du sort qu'on lui réserve à l'école. Lorsqu'un jeune se plaint de l'attitude négative d'un ou de plusieurs professeurs à son endroit, certains parents se présentent sans tarder devant l'enseignant pour défendre leur jeune. Or, il serait plus sage de lui dire : « J'entends ce que tu me dis, que tu te sens injustement traité. J'ai cependant besoin d'entendre la version de ton professeur pour me faire une idée juste sur ce qui s'est passé. Nous en reparlerons par la suite. » Il est dangereux de saper l'autorité de l'école en présence du jeune. N'oublions pas que l'école est un prolongement de l'autorité parentale. Cela ne veut pas dire qu'il n'y a jamais d'injustice de la part d'un maître à l'endroit d'un élève, mais il faut tout de même avoir en main l'ensemble des éléments d'une situation avant de s'en faire une idée et de monter aux barricades !

Sixième principe : le comportement des enfants influence celui des parents et vice-versa

La société est prompte à jeter systématiquement le blâme sur les parents des jeunes en difficulté, et dans une certaine mesure cela est compréhensible, mais on oublie trop souvent que chaque membre d'une famille exerce une influence sur les autres, le jeune aussi bien que l'adulte. Ce jeune n'est pas seulement « victime », il a aussi une part de responsabilité dans les impasses familiales, bien que cette part soit moins grande que celle des parents.

Par exemple, un jeune dont les parents ont de la difficulté à ne pas céder à son chantage et à son harcèlement n'est pas responsable du fait que ses parents ont peur de lui déplaire ou craignent ses crises. Par contre, il a une responsabilité dans « l'usure » de ses parents, par l'intensité du harcèlement qu'il leur fait subir.

Bref, l'approche *Tough Love* suggère de poser, sur la dynamique des problèmes familiaux, un regard circulaire ou systémique plutôt que linéaire.

Septième principe : le fait de prendre position provoque une crise

Beaucoup de parents en perte d'autorité hésitent à changer de comportement face à leur jeune. Ils ont souvent le sentiment qu'il est trop tard. Ils se sentent coincés dans des situations qu'ils ne savent pas dénouer. D'autant plus que, s'ils connaissent leur jeune, ce dernier aussi connaît ses parents et sait comment obtenir d'eux ce qu'il désire, souvent par manipulation. Les jeunes connaissent le maillon faible chez leurs parents. Les menaces de révolte, de fugue ou même de suicide font partie des moyens utilisés pour désarmer les parents. En fait, ces derniers croient qu'en cherchant à reprendre le contrôle, ils provoqueront une véritable crise ; or, les parents en perte d'autorité ont souvent tout fait pour éviter des crises de leur jeune. Ils ont de la difficulté à voir qu'ils vivent déjà des crises à leur détriment.

Prendre une nouvelle position face à un comportement inacceptable provoque presque à coup sûr une crise mais, cette fois, l'issue risque d'être positive. Il vaut mieux provoquer une crise que de la subir, tel doit être le leitmotiv du changement.

Par exemple, un parent doit dire à son jeune : « Jusqu'ici, il m'est souvent arrivé de justifier tes absences à l'école simplement parce que tu ne t'es pas levé à temps ou que tu n'avais pas terminé un travail à remettre. Dorénavant, je ne justifierai plus tes absences sans raison valable et tu devras vivre avec les conséquences que l'école prévoit pour ce type de comportement. Tu auras à t'expliquer toi-même auprès de la direction. » Ces parents ont alors grand besoin d'être soutenus par un professionnel ou par d'autres parents (s'ils font une démarche dans un groupe de parents en perte d'autorité) afin d'affronter et de désamorcer la peur qui les empêcherait de procéder à un tel changement d'attitude.

Huitième principe: une crise bien contrôlée entraîne un changement positif

Les parents doivent accepter l'idée que leur changement d'attitude provoquera une crise, mais celle-ci est «positive» parce qu'elle vise à rendre le jeune responsable de ses comportements et à lui faire vivre les conséquences de ses actes. C'est seulement s'ils sont conscients de cela qu'ils peuvent prendre un tel tournant. Ils mettent alors le jeune face aux conséquences de son comportement irresponsable. Souvent, cette position est plus difficile à tenir, *sur le plan émotif*, pour les parents que pour le jeune. Il est donc important de les encourager à persister dans le virage qu'ils viennent de prendre.

Démarche de l'approche **Tough Love** *afin de provoquer un changement*

Inventorier les problèmes

Les parents procèdent, par écrit, à un inventaire des problèmes vécus avec leur jeune, cela à l'invitation du professionnel qu'ils consultent ou du groupe d'entraide de parents en perte d'autorité qu'ils ont joint. Ils sont invités à se concentrer sur un comportement qu'ils ne veulent plus tolérer. Cela peut consister à lui dire: «Dorénavant, je ne m'occuperai que des vêtements que tu auras mis au lavage. Si tu oublies de le faire, tu devras t'en passer jusqu'au prochain lavage.» Ou «Tu feras alors toi-même ton lavage.»

Prendre position

Les parents s'engagent à signifier clairement à leur jeune qu'ils ne fermeront plus les yeux sur un comportement devenu inacceptable. Exemple : « Je ne tolérerai plus que tu ne respectes pas les heures de rentrée convenues. » Ce premier objectif fait évidemment partie d'un objectif à plus long terme qui est de se faire respecter par le jeune comme personne et comme parent.

Fixer des limites

Le parent doit indiquer à son jeune les conséquences auxquelles il s'expose s'il ne se soumet pas à une demande aussi légitime. Nous en avons largement fait état en parlant du langage des conséquences (page 121) et de la diversité des conséquences qu'on peut imposer à un ado. Il est bon de se rappeler que la conséquence à utiliser est toujours celle qui touche davantage le jeune.

Faire un plan d'action et un plan de suivi

Avant de passer à l'action, il est important que le parent anticipe la réaction de son jeune qui refusera probablement de changer son comportement. Il faut s'attendre à ce que le jeune fasse tout pour décourager son parent d'introduire un tel changement, le percevant d'abord comme une frustration. Est-il nécessaire de rappeler qu'il connaît bien les points faibles du parent ?

Le parent doit donc prévoir cette résistance, demeurer ferme et convaincu de la légitimité de sa demande, ainsi que de son droit à instaurer dans la maison un climat exempt des comportements irresponsables de son jeune. S'il y a résistance, il doit surtout persister à imposer les pénalités prévues dans le plan d'action élaboré pour introduire le changement souhaité. Il doit évidemment éviter le plus possible la colère et les sermons lorsque le jeune commet de nouveau les comportements indésirables.

Nous savons que beaucoup de parents répugnent à imposer des conséquences. Et lorsqu'ils le font, c'est souvent de la colère qu'ils ressentent et qu'ils manifestent. Ils croient, à tort, que leur colère incitera leur jeune à ne pas reproduire le comportement indésirable et leur évitera de donner une conséquence. Paradoxalement, le fait de céder à la colère enlève de l'impact au langage des conséquences. Quant aux sermons, le jeune en a ras-le-bol depuis longtemps et il ne les écoute même plus.

Par la suite, le parent évalue régulièrement l'impact de son action en se rappelant qu'un premier petit changement réussi laisse entrevoir la possibilité d'un deuxième. Quand le jeune se rend compte que le parent est réellement déterminé à exiger certains changements, il accepte de le faire et constate aussi les retombées positives dans sa relation avec lui.

Dans une démarche de changement, il est indispensable que les parents en perte d'autorité aillent chercher le soutien d'un groupe d'entraide ou d'un professionnel compétent. Le groupe d'entraide, dirigé par une personne qualifiée, représente une formule « gagnante », puisqu'il permet aux participants de sortir de leur isolement, d'échanger, de dédramatiser leur situation, de trouver le soutien tant recherché et de voir le problème sous un nouvel angle. Il faut bien se rappeler que les jeunes trouvent dans leurs groupes d'amis le soutien dont ils ont besoin pour traverser l'adolescence. Pourquoi les parents n'en feraient-ils pas autant ? De plus, on retrouve habituellement dans ces groupes une dose d'humour indispensable pour franchir cette étape.

Conclusion

L'adolescence est une étape déterminante dans le développement. C'est l'occasion pour le jeune d'accentuer ses différences par rapport à ses parents et de devenir de plus en plus singulier. Il traverse une période de profondes découvertes de lui-même, il apprend à se connaître et à se reconnaître. Il a encore besoin de vous et il a autant besoin que vous lui mettiez des balises que de faire ses propres expériences.

Avant tout, il a besoin que vous l'acceptiez tel qu'il est, avec ses beaux côtés… et les autres qui vous plaisent moins… mais qui plaisent probablement à d'autres. Si l'adolescence est l'occasion pour les jeunes de faire le deuil de vous comme parent idéal, c'est aussi l'occasion pour vous de **faire le deuil du jeune idéal** : celui qui devait faire ou être ce que vous n'avez pas su faire ou être.

Votre adolescent est à une étape de la vie où, d'habitude, on ne s'aime pas tellement. Les jeunes ont alors besoin que vous leur disiez ce que vous pensez d'eux et de ce qu'ils accomplissent, tout en leur laissant une certaine liberté de vivre leurs propres expériences et d'exprimer leurs opinions. Il est important de ne pas confondre « contestation » et « manque de respect ».

Lorsque vous sentez que la relation est très tendue avec votre jeune, demandez-vous d'abord si votre attitude, à force de « vouloir son bien », ne se résume pas à le blâmer. **Rappelez-vous qu'en critiquant constamment son apparence extérieure, vous vous enlevez des chances d'avoir accès à sa vie intérieure.**

Votre adolescent a besoin que vous compreniez que ses amis comptent beaucoup pour lui. Il ne doit pas se sentir coupable de l'importance qu'il leur accorde. Plus vous chercherez à le retenir, à lui faire choisir la famille plutôt que les amis, plus vous l'inciterez à fuir et récolterez de l'aigreur. Si vous voulez garder contact avec lui, montrez-lui que vous acceptez la place que les amis occupent dans sa vie. En respectant ses amis, c'est lui que vous respectez.

Évitez la surprotection, c'est-à-dire d'être, avec les meilleures intentions du monde, un parent assommant avec sa « montagne » de conseils.

Rappelez-vous que vous ne pouvez éviter à votre adolescent toutes les difficultés et toutes les souffrances de la vie, et qu'il peut grandir grâce à chacune de ces expériences. Ne vous en mettez pas trop sur le dos, cela ne vous aide pas et ne l'aide pas non plus. Il a besoin que vous sachiez qu'il n'est pas encore un adulte et que subsiste en lui une part d'enfant qu'il n'est pas surprenant de voir réapparaître de temps en temps.

Votre adolescent tentera de vous faire croire qu'il est déjà un adulte accompli. Ne vous laissez pas berner par ces paroles et acceptez qu'il régresse parfois, afin de pouvoir aller de nouveau vers l'avant.

Évitez le chantage émotif. Les phrases comme « Tu vas me faire faire une dépression » n'influencent pas vraiment le jeune, même si cela peut l'impressionner sur une très courte période. Rappelez-vous qu'il existe un langage des conséquences qui a beaucoup plus d'impact sur lui et qui saura autrement plus le déranger que votre menace de dépression.

Rappelez-vous qu'il n'est pas nécessaire d'être un super-parent, un parent qui sait tout, qui ne commet ni erreur ni injustice, et qui va au-delà de ses limites. Être humain, c'est avoir des limites et en tenir compte. N'ayez pas peur de dire à votre jeune : « Les ressources affectives et matérielles que je peux te donner sont limitées. »

Prenez soin de vous. N'attendez pas que votre adolescent le fasse à votre place. Prenez le temps de vous oxygéner en dehors de la famille, comme parent, comme couple, comme personne ; refaites le plein d'énergie et, ainsi, vous vous rendrez compte que la terre continue de tourner malgré des difficultés qui vous semblaient insurmontables.

En une phrase, on peut dire que le défi du parent face à l'adolescent, c'est d'être ouvert, authentique et protecteur sans être étouffant.

ÉPILOGUE

UN MESSAGE POUR VOS ADOS[47]

Qui ne se sent pas parfois démuni quand vient le temps de parler à son ado ! On veut lui communiquer un message d'espoir et les mots nous manquent souvent. En voici un qui pourrait rejoindre le vôtre.

- C'est normal que tu te sentes parfois mal à l'aise à l'intérieur de toi.
- C'est normal que tu ne comprennes pas tout ce qui t'arrive (entre autres, tes changements d'humeur). Les changements viennent parfois si vite et sont si imprévisibles.
- C'est normal aussi que, certains jours, tu ne t'aimes pas et que tu trouves que les événements heureux n'arrivent qu'aux autres.
- C'est normal que tu te sentes perdu avec tous les choix que la société te demande de faire (ton futur métier, les amis, la sexualité, les valeurs, etc.). Tu as beaucoup de liberté (même si tu trouves que tu n'en as pas assez) et tu ne trouves pas toujours sur ta route des guides solides qui peuvent éclairer tes choix.

47. Ce texte a été écrit en collaboration avec Denise Robitaille, travailleuse sociale et France Soucy, intervenante sociale.

- C'est vrai que c'est parfois frustrant d'avoir des parents qui continuent de penser qu'on n'est pas assez grand pour mener sa vie tout seul alors que, toi, tu crois que tu en serais capable. C'est tentant de penser que ce serait préférable si tes parents te laissaient faire tout ce que tu veux.
- Tu découvres que le monde n'est pas parfait, que les adultes non plus ne sont pas parfaits. C'est vrai.
- Tu dois souvent te sentir incompris par le monde des adultes et c'est normal. C'est vrai qu'il est parfois tentant de chercher et de trouver des moyens pour échapper à ce monde.
- Comment échapper à ce monde ? En fuyant ce qui est contrariant, en abandonnant l'école, en consommant de l'alcool, des drogues, en fuyant la famille et même peut-être en pensant au suicide ? Tu sais pertinemment que ces moyens ne t'aideront pas à régler tes problèmes, mais qu'ils les atténuent pour un certain temps. Gare aux fausses solutions, gare aux solutions extrêmes, gare aux solutions qui créent d'autres problèmes.
- L'important, c'est de ne pas t'isoler avec tes problèmes, c'est d'en parler à des personnes en qui tu as confiance et qui représentent quelque chose de positif pour toi.
- L'important, c'est de te rendre compte que tu n'es pas tout seul à te poser ces questions et que d'autres avant toi l'ont fait et s'en sont sortis.
- L'important, c'est peut-être d'en parler à un adulte qui ne te semble pas trop dépassé. Ou d'écrire ce qui ne va pas et de te confier à ton journal.
- L'important, c'est de te garder actif, de pratiquer des sports, d'avoir des activités culturelles (musique, théâtre, danse), un emploi à temps partiel, de faire partie de regroupements

de jeunes qui veulent améliorer le monde. Souviens-toi que tu peux apporter beaucoup aux autres.

- Considère plutôt comme un atout que comme un encombrement le fait que tes parents t'interdisent encore certaines choses et te demandent encore des comptes. Tu serais déçu d'avoir des parents qui te laissent tomber. Rappelle-toi que tu peux changer d'amis, mais pas de parents.
- Prends garde au « tout le monde le fait ». Peut-être que cela ne te convient pas.
- Méfie-toi des marchands de solutions faciles.
- Enfin, n'oublie pas que certains adultes peuvent être hostiles à ton égard sans que cela signifie que tous les adultes sont contre toi. Regarde dans ton entourage et trouve ceux et celles qui t'apprécient.

À vous de reprendre ces mots simples de façon à ce qu'ils rejoignent le cœur de vos ados.

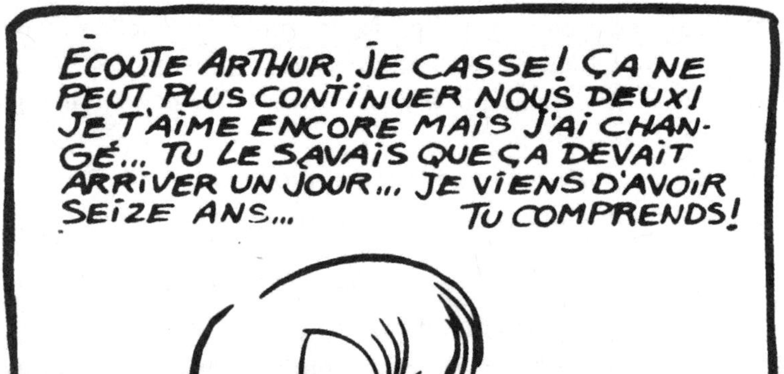

Caricature d'André-Philippe Côté.

Caricature d'André-Philippe Côté.

Bibliographie

Bélanger, Robert. *Parents d'adolescents*. Lambton Québec: Éditions Robert Bélanger, 1988.

Cadrin-Pelletier et al. *Au-delà des apparences… Sondage sur l'expérience morale et spirituelle des jeunes du secondaire*. Québec: Ministère de l'Éducation du Québec, 1992.

Cloutier, Richard et al. *Ados, familles et milieux de vie: La parole aux ados!* Québec: Centre de recherche sur les services communautaires, 1994.

Cloutier, Richard. *Mieux vivre avec nos adolescents*. Montréal: Le Jour Éditeur, 1994.

Cloutier, Richard. *Psychologie de l'adolescence*. Boucherville: Gaëtan Morin Éditeur, 1982.

Cloutier, Richard. *Psychologie de l'adolescence*. 2e éd. Boucherville: Gaëtan Morin Éditeur, 1996.

Côté, André-Philippe. *Bon voyage Baptiste!* Longueuil: Soulières éditeur, 1999.

Dolto, Françoise. *La cause des adolescents*. Paris: Éditions Robert Laffont, 1988.

Institut de la Statistique du Québec. *Enquête sociale auprès des enfants et des adolescents québécois 1999*. Québec: Publications du Québec, 2002. (Collection de la Santé et du Bien-être)

Karpman, Stephen B. « Fairy tales and script drama analysis ». *Transactional Analysis Bulletin* 1968 7 (26) 39-43.

GRAND'MAISON, Jacques. *Le drame spirituel des adolescents.* Montréal: Fides,1992.

JEFFREY, Denis. *La morale dans la classe.* Sainte-Foy: Presses de l'Université Laval, 1999.

Manuel de référence sur la protection de la jeunesse. Sainte-Foy: Ministère de la Santé et des Services sociaux, Gouvernement du Québec, 1998.

PRONOVOST, Gilles. «Jeunes d'aujourd'hui: parcours différents, valeurs semblables.» *Revue RND* 2003 101 (2).

Rapport 2001-2002 sur la situation et les besoins des familles et des enfants - Les familles avec adolescents, entre le doute et l'incertitude. Québec: Conseil de la famille et de l'enfance / Publications du Québec, 2002.

SAINT-JACQUES, Marie-Christine et Claudine PARENT. *La famille recomposée: une famille composée sur un air différent.* Montréal: Éditions de l'Hôpital Sainte-Justine, 2002.

SAVATER, Fernando. *Éthique à l'usage de mon fils.* Paris: Seuil, 1984.

TROTTIER, Germain et Jo. A. BÉLANGER. *Les peines d'amour chez les jeunes.* Beauport: Éditions MNH, 2000.

YORK, Phyllis, YORK, David et Ted WACHTEL. *Tough Love.* New-York: Doubleday & Co., 1982.

Ressources

Suggestions de lecture

BÉLANGER, Robert. *Parents d'adolescents*. Lambton (Québec): Éditions Robert Bélanger, 1988. 319 p.

BOISVERT, Céline. *Parents d'ados: de la tolérance nécessaire à la nécessité d'intervenir*. Montréal: Éditions de l'Hôpital Sainte-Justine, 2003. 206 p. (Collection de l'Hôpital Sainte-Justine pour les parents)

BRACONNIER, Alain. *Le guide de l'adolescent: de 10 ans à 25 ans*. Paris: Odile Jacob, 2001. 582 p. (Guide)

CLOUTIER, Richard. *Mieux vivre avec nos adolescents*. Montréal: Le Jour, 1994. 170 p.

DOLTO, Françoise, Catherine DOLTO-TOLITCH et Colette PARCHEMINIER. *Paroles pour adolescents, ou Le complexe du homard*. Paris: Gallimard jeunesse, 2003. 163 p. (Giboulées)

DUCLOS, Germain *et al*. *L'estime de soi des adolescents*. Montréal: Éditions de l'Hôpital Sainte-Justine, 2002. 96 p. (Collection de l'Hôpital Sainte-Justine pour les parents)

DUMESNIL, François. *Questions de parents responsables*. Montréal: Éditions de l'Homme, 2004. (Parents aujourd'hui)

JULIEN, Gilles. *Aide-moi à te parler: la communication parent-enfant*. Montréal: Éditions de l'Hôpital Sainte-Justine, 2004. 129 p. (Collection de l'Hôpital Sainte-Justine pour les parents)

LEMAY, Michel. *Famille, qu'apportes-tu à l'enfant?* Montréal: Éditions de l'Hôpital Sainte-Justine, 2001. 216 p. (Collection de l'Hôpital Sainte-Justine pour les parents)

ROBERT, Jocelyne. *Full sexuel : la vie sexuelle des adolescents*. Montréal : Éditions de l'Homme, 2002. 191 p.

SAINT-JACQUES, Marie-Christine et Claudine PARENT. *La famille recomposée: une famille composée sur un air différent*. Montréal : Éditions de l'Hôpital Sainte-Justine, 2002. 172 p. (Collection de l'Hôpital Sainte-Justine pour les parents)

TROTTIER, Germain et Jo A. BÉLANGER. *Les peines d'amour chez les jeunes*. Beauport (Québec) : MNH, 2000. 181 p.

Organismes d'aide

Si vous habitez au Québec

CSSS

Les Centres de santé et de services sociaux de votre région, les CSSS (anciens CLSC), sont conçus pour entendre le problème que vous vivez avec votre jeune et peuvent vous diriger soit vers leurs ressources internes (thérapie individuelle et familiale, groupe d'éducation et d'entraide), soit vers des ressources externes (communautaires, spécialisées ou privées) qui correspondent à votre besoin.

Écoute téléphonique et groupe d'entraide

Deux organismes ont comme vocation première de faire de l'écoute téléphonique auprès de parents en difficulté et d'animer des groupes d'entraide de parents. Il s'agit de:

La ligne Parents
☎: Région de Montréal: (514) 288-5555
☎: Extérieur de Montréal: 1-800-361-5085

Entraide-Parents
(pour la grande région de Québec seulement)
☎: Rive-Nord: (418) 684-0050
☎: Rive-Sud: (418) 837-3691
www.entraideparents.com

On y accepte les appels à frais virés dans les régions 03 et 12.

Écoute téléphonique, textes en ligne et groupe de discussion sur Internet

Ligne Assistance Parents
☎ sans frais: 1-888-603-9100
www.parentsinfo.sympatico.ca

Urgence sociale

En cas d'urgence, vous pouvez en tout temps contacter le service d'urgence sociale rattaché au Centre Jeunesse de votre région.

Association des Centres jeunesse du Québec
☎ : (514) 842-5181
www.acjq.qc.ca

Maisons d'hébergement pour jeunes

Pour les parents qui ont besoin de prendre un répit face à leur jeune (et inversement), il existe plusieurs maisons d'hébergement temporaire pour adolescents et adolescentes. Des services de consultation individuelle et de groupe y sont disponibles pour les parents et les jeunes. Votre Centre de santé et de services sociaux (CSSS) connaît ces ressources.

Maisons de la famille

Il existe une centaine de Maisons de la famille. Ces organismes communautaires visent à soutenir les familles dans leurs tâches éducatives et constituent des lieux d'échanges (groupes d'entraide) entre parents. Adressez-vous à votre CSSS pour les localiser.

Soutien aux gais, lesbiennes et bisexuels

Pour ceux qui sont concernés par la question de l'homosexualité, différentes ressources communautaires sont à leur disposition tant pour les jeunes gais, lesbiennes et bisexuels que pour les parents.

Pour les jeunes de 14 à 25 ans de la grande région de Québec, adressez-vous à :

GRIS-Québec
☎ : (418) 523-4808
Un local est mis à la disposition des jeunes de 14 à 25 ans pour socialiser et participer à des groupes de support.
www.algi.qc.ca/asso/gris-quebec

Pour les jeunes de 14 à 25 ans de la grande région de Montréal, adressez-vous au:

Projet 10
☎: (514) 989-4585
www.p10.qc.ca

Pour les personnes de tous âges concernées par la question de l'orientation sexuelle, contactez :

Gai-Écoute
Centre d'écoute téléphonique et de renseignements des gais et lesbiennes du Québec
☎: Région de Montréal: (514) 866-0103
☎: Extérieur de Montréal: 1-888-505-1010
www.gai-ecoute.qc.ca

Pour les parents d'enfants non-hétérosexuels :

PFLAG Canada
www.pflag.ca

Et pour vos jeunes

Deux lignes téléphoniques se spécialisent dans l'écoute des jeunes.

Jeunesse j'écoute
☎: 1-800 668-6868
jeunesse.sympatico.ca/fr

Tel-jeunes
☎: 1-800 263-2266
www.teljeunes.com

Il y a aussi la Maison des Jeunes de votre quartier où les adolescents peuvent toujours trouver des adultes accueillants et capables de les conseiller judicieusement.

Enfin, vos jeunes peuvent demander de l'aide aux professionnels non enseignants affectés à leur école (travailleurs sociaux, psychologues, psychoéducateurs, éducateurs, etc.).

Adressez-vous à votre CSSS pour les trouver.

Pour la question du suicide

Association québécoise de prévention du suicide

Ligne d'écoute et d'intervention pour tout le Québec, l'appel est automatiquement dirigé vers le centre d'intervention local :
☎ : 1-866 A P P E L L E (1-866-277-3553)
www.cam.org/~aqs

Suicide Action Montréal
☎ : (514) 273-4000

Centre de prévention du suicide de Québec
☎ : (418) 683-4588
www.cpsquebec.ca

Si vous habitez en Belgique

Services d'écoute téléphonique

Aide info sida a.s.b.l.
☎ : Ligne d'écoute : 0800-20120
☎ : 02 514 29 65
www.aideinfosida.be

Centre de prévention du suicide
☎ : 24h/24h : 0800 32 123
☎ : 02 640 51 56
www.preventionsuicide.be

Écoute-jeunes
☎ : 078 15 44 22
☎ : 04 248 09 58

Infor drogues a.s.b.l.
☎ : 24h/24h : 02 227 52 52
www.infor-drogues.be

Infor homo
☎ : 02 733 10 24

Télé-accueil
☎ 24h/24h : 107
www.tele-accueil.be

Télé-parents
☎ : 070 23 37 57

Service d'aide à la jeunesse (S.A.J.)

Ce service existe dans chaque arrondissement judiciaire. Il apporte une aide sociale spécialisée aux jeunes et à leurs parents dans leurs multiples difficultés.

Services de santé mentale

Les centres de guidance et les centres de santé mentale s'adressent à toute personne en difficulté et proposent une aide dans une perspective médicale, psychologique et sociale.

Centres de planning familial

En dehors des consultations médicales, ces centres offrent entre autres des consultations psychologiques, sociales et juridiques.

Accueil et accompagnement des jeunes en milieu ouvert (A.M.O.)

Ces organismes privés et publics ont pour mission de contribuer à la protection de la jeunesse et de lui procurer une aide dans son milieu de vie. Ils reçoivent des demandes d'aide des jeunes et de leurs parents. Ils ne travaillent pas sous mandat judiciaire.

Pour les jeunes

Infor jeunes
☎: 070 233 444
www.inforjeunes.be

SOS jeunes
www.sosjeunes.be

Les jeunes peuvent s'adresser aux professionnels des centres de santé scolaire (IMS) et des centres psychomédicaux (PMS) attachés aux écoles.

Les Maisons de Jeunes proposent un accueil, des activités sociales, culturelles et sportives.

Le service Droits des Jeunes a.s.b.l. peut leur venir en aide ainsi qu'à leurs parents, pour le recours au droit.

Tous nos remerciements à **Edwige Emegenbirn**, médecin, pour avoir constitué cette liste de ressources.

Si vous habitez en France

Services d'écoute téléphonique

Dispensaire d'hygiène mentale pour enfants
☎ : 01 45 25 85 45
(accueil téléphonique pour les adolescents et leurs parents)

Fédération Nationale des Écoles des Parents et des Éducateurs
☎ : 01 47 53 62 70 (secrétariat de la FNEPE)
www.ecoledesparents.org

Le réseau de la Fédération Nationale des Écoles des Parents et des Éducateurs dispose de lignes d'écoute téléphonique spécialisées, anonymes et gratuites pour les parents, les enfants et les jeunes.

Drogue

Drogue alcool tabac info-service
☎ : 0800 23 13 13

SOS drogue international
☎ : 01 55 87 55 55

Inter service parents – Île de France
☎ : 01 44 93 44 93

Centres d'aide psychosociale, centres d'information et de référence

Les parents pourront trouver réponse à leur demande d'aide auprès des ressources suivantes, qui les orienteront vers le service le plus approprié et le plus accessible. Les parents trouveront auprès de ces différentes instances la ressource locale correspondant à leurs besoins.

Accueil parents adolescents
110, Grand-Place de l'Agora
91034 EVRY
☎ : 01 60 78 06 44

Ce service accueille des adolescents et leurs parents, et leur apporte une aide psychosociale, si nécessaire par l'intermédiaire d'une thérapie familiale.

Association vers la vie pour l'éducation des jeunes
5, rue de Port-Royal
78740 Saint-Lambert
☎ : 01 30 43 26 00
www.avvej.asso.fr

Cette association gère 20 établissements dans la région de l'Île-de-France et accueille des jeunes placés par une décision judiciaire. Elle recouvre également des services où les adolescents en difficulté peuvent trouver un soutien social et psychologique.

C.I.D.J. (Centre d'information et de documentation jeunesse)
101, quai Branly
75015 PARIS
☎ : 01 44 49 12 00
www.cidj.asso.fr

Centre de thérapie Monceau
91, rue St-Lazare
75009 PARIS
☎ : 01 53 20 11 50
www.centre-monceau.com

Centre des buttes Chaumont
20, rue du Rhin 75019
PARIS
☎ : 01 42 40 03 39
www.centre-des-buttes-chaumont.org

Ce centre apporte un soutien psychologique aux parents et aux enfants qui font face à de la violence familiale. Il est animé principalement par des psychologues.

Contact
84, rue Saint-Martin
75004 PARIS
Permanences téléphoniques et adresses en province, contacter le
☎ : 01 44 54 04 70
http://contact.france.free.fr

Cette association s'adresse aux gens concernés par la question de l'homosexualité dans le cadre de la vie familiale.

Fédération de l'École des Parents et des Éducateurs
☎ : 01 47 53 62 70 (secrétariat de la FNEPE)
www.ecoledesparents.org

Cette association a mis en place sur tout le territoire français des groupes de parole destinés aux parents d'adolescents. Ces groupes sont animés en fonction des sujets, soit par des travailleurs sociaux, soit par des éducateurs ou par des psychologues.

Protection de la jeunesse

A.D.S.S.E.A.D
Association des services spécialisés pour enfants et adolescents en danger
23, rue Malus
59800 LILLE
☎ : 03 20 16 28 60

Association sauvegarde de l'adolescence à Paris
4, rue Martel
75010 PARIS
☎ : 01 48 24 13 00

Cette association reconnue d'utilité publique gère le service d'A.E.M.O (Association éducative en milieu ouvert). Des travailleurs sociaux interviennent dans le milieu de vie des parents et des adolescents afin d'apporter un soutien aux familles en difficulté.

Paris ados services
3, rue André Danjon
75019 PARIS
☎ : 01 42 40 20 42
☎ la nuit : (de 19 h 30 à 8 h) : 01 44 52 03 34

Ce service est destiné aux adolescents en difficulté, plus particulièrement aux jeunes en situation de fugue. On y héberge les ados pendant cinq nuits en attendant de trouver une solution au problème. Le centre permet un rapprochement avec les parents et offre un suivi auprès du jeune et de ses parents.

Les centres de médiation familiale

Ces centres, spécialisés en matière de séparation et de divorce, accompagnent les parents inscrits dans une démarche volontaire, avec l'aide d'une tierce personne qualifiée, afin de parvenir à une entente satisfaisante qui tienne compte des besoins de tous les membres de la famille.

Pour connaître le Centre de médiation familiale le plus près de chez vous, contactez la

Fédération nationale de la médiation familiale
11, rue Guyon de Guercheville
14200 Hérouville Saint-Clair
☎ : 02 31 46 87 87
www.cnasmf.asso.fr

Les centres médico-psycho-pédagogiques

Association nationale des centres médico-psycho-pédagogiques
CMPP La Passerelle
5, rue des Beaux Arts
75006 PARIS
☎/📠: 01 46 33 10 60
http://ancmpp.free.fr/ANCMPP

Ces centres, répartis sur tout le territoire français, regroupent des intervenants médico-sociaux pour répondre aux besoins des jeunes de 0 à 21 ans qui rencontrent des difficultés d'ordre psychologique et social.

Les travailleurs sociaux en milieu scolaire

Intervenant dans les collèges, les lycées et autres établissements d'enseignement, les travailleurs sociaux en milieu scolaire sont là pour apporter du soutien aux adolescents en difficulté.

Écoute téléphonique pour les jeunes

Allô enfance maltraitée
☎: 0800 05 41 41 ou 119
www.allo119.gouv.fr

Écoute gaie
☎: 0810 811 057
http://ecoute-gaie.france.qrd.org

Écoute jeunes
☎: 01 44 93 44 94

Fédération s.o.s. amitié France
11, rue des Immeubles industriels
75011 Paris
☎: 01 40 09 15 22
www.sos-amitie.com

Les coordonnées des associations régionales sont accessibles sur le site Internet.

Fil santé jeunes
☎ : 0800 235 236
(gratuit tous les jours de 8h à minuit)
www.filsantejeune.com

Suicide écoute
☎ : 01 45 39 40 00 (ligne d'écoute nationale)
http://suicide.ecoute.free.fr

Les services d'action éducative en milieu ouvert

A.E.M.O.

Ces organismes reconnus d'utilité publique ont pour mission de contribuer à la protection de la jeunesse et de lui procurer une aide dans les milieux de vie. Les travailleurs sociaux peuvent intervenir soit avec un mandat judiciaire, soit à la demande des familles ou des services sociaux (A.E.M.O. administrative)

Si vous habitez en Suisse

Infor jeunes - centre d'information

☎ : 022 420 55 55

Ligne d'aide aux enfants et aux jeunes

☎ : 147

www.147.ch

S.O.S jeunesse

☎ : 027 323 18 42 (24 heures)

Soutien aux gais, lesbiennes et bisexuels

Profa jeunes

☎ : 079 310 31 78

www.vogay.ch

Rainbow line

☎ : 0848 80 50 80

www.rainbowline.ch

La Collection de l'Hôpital Sainte-Justine

pour les parents

Ados, mode d'emploi

Michel Delagrave

Devant le désir croissant d'indépendance de l'adolescent et face à ses choix, les parents développent facilement un sentiment d'impuissance. Dans un style simple et direct, l'auteur leur donne diverses pistes de réflexion et d'action.

ISBN 2-89619-016-3 2005/176 pages

Aide-moi à te parler !
La communication parent-enfant

Gilles Julien

L'importance de la communication parent-enfant, ses impacts, sa force, sa nécessité. Des histoires vécues sur la responsabilité fondamentale de l'adulte: l'écoute, le respect et l'amour des enfants.

ISBN 2-922770-96-6 2004/144 pages

Aider à prévenir le suicide chez les jeunes
Un livre pour les parents

Michèle Lambin

Reconnaître les indices symptomatiques, comprendre ce qui se passe et contribuer efficacement à la prévention du suicide chez les jeunes.

ISBN 2-922770-71-0 2004/272 p.

L'allaitement maternel

Comité pour la promotion de l'allaitement maternel de l'Hôpital Sainte-Justine

Le lait maternel est le meilleur aliment pour le bébé. Tous les conseils pratiques pour faire de l'allaitement une expérience réussie! (2e édition)

ISBN 2-922770-57-5 2002/104 p.

Apprivoiser l'hyperactivité et le déficit de l'attention

Colette Sauvé

Une gamme de moyens d'action dynamiques pour aider l'enfant hyperactif à s'épanouir dans sa famille et à l'école.

ISBN 2-921858-86-X 2000/96 p.

Au-delà de la déficience physique ou intellectuelle
Un enfant à découvrir

Francine Ferland

Comment ne pas laisser la déficience prendre toute la place dans la vie familiale ? Comment favoriser le développement de cet enfant et découvrir le plaisir avec lui ?

ISBN 2-922770-09-5 2001/232 p.

Au fil des jours... après l'accouchement

L'équipe de périnatalité de l'Hôpital Sainte-Justine

Un guide précieux pour répondre aux questions pratiques de la nouvelle accouchée et de sa famille durant les premiers mois suivant l'arrivée de bébé.

ISBN 2-922770-18-4 2001/96 p.

Au retour de l'école...
La place des parents dans l'apprentissage scolaire

Marie-Claude Béliveau

Une panoplie de moyens pour aider l'enfant à développer des stratégies d'apprentissage efficaces et à entretenir sa motivation. (2e édition)

ISBN 2-922770-80-X 2004/280 p.

Comprendre et guider le jeune enfant
À la maison, à la garderie

Sylvie Bourcier

Des chroniques pleines de sensibilité sur les hauts et les bas des premiers pas du petit vers le monde extérieur.

ISBN 2-922770-85-0 2004/168 p.

De la tétée à la cuillère
Bien nourrir mon enfant de 0 à 1 an

Linda Benabdesselam et autres

Tous les grands principes qui doivent guider l'alimentation du bébé, présentés par une équipe de diététistes expérimentées.

ISBN 2-922770-86-9 2004/144 p.

Le développement de l'enfant au quotidien
Du berceau à l'école primaire

Francine Ferland

Un guide précieux cernant toutes les sphères du développement de l'enfant: motricité, langage, perception, cognition, aspects affectifs et sociaux, routines quotidiennes, etc.

ISBN 2-89619-002-3 2004/320 pages

Le diabète chez l'enfant et l'adolescent

Louis Geoffroy, Monique Gonthier et les autres membres de l'équipe de la Clinique du diabète de l'Hôpital Sainte-Justine

Un ouvrage qui fait la somme des connaissances sur le diabète de type 1, autant du point de vue du traitement médical que du point de vue psychosocial.

ISBN 2-922770-47-8 2003/368 p.

Drogues et adolescence
Réponses aux questions des parents

Étienne Gaudet

Sous forme de questions-réponses, connaître les différentes drogues et les indices de consommation, et avoir des pistes pour intervenir.

ISBN 2-922770-45-1 2002/128 p.

En forme après bébé
Exercices et conseils

Chantale Dumoulin

Des exercices et des conseils judicieux pour aider la nouvelle maman à renforcer ses muscles et à retrouver une bonne posture.

ISBN 2-921858-79-7 2000/128 p.

En forme en attendant bébé
Exercices et conseils

Chantale Dumoulin

Des exercices et des conseils pratiques pour garder votre forme pendant la grossesse et pour vous préparer à la période postnatale.

ISBN 2-921858-97-5 2001/112 p.

L'enfant adopté dans le monde
(en quinze chapitres et demi)

Jean-François Chicoine, Patricia Germain et Johanne Lemieux

Un ouvrage complet traitant des multiples aspects de ce vaste sujet: l'abandon, le processus d'adoption, les particularités ethniques, le bilan de santé, les troubles de développement, l'adaptation, l'identité...

ISBN 2-922770-56-7 2003/480 p.

L'enfant malade
Répercussions et espoirs

Johanne Boivin, Sylvain Palardy et Geneviève Tellier

Des témoignages et des pistes de réflexion pour mettre du baume sur cette cicatrice intérieure laissée en nous par la maladie de l'enfant.

ISBN 2-921858-96-7 2000/96 p.

L'estime de soi des adolescents

Germain Duclos, Danielle Laporte et Jacques Ross

Comment faire vivre un sentiment de confiance à son adolescent? Comment l'aider à se connaître? Comment le guider dans la découverte de stratégies menant au succès?

ISBN 2-922770-42-7 2002/96 p.

L'estime de soi des 6 - 12 ans

Danielle Laporte et Lise Sévigny

Une démarche simple pour apprendre à connaître son enfant et reconnaître ses forces et ses qualités, l'aider à s'intégrer et lui faire vivre des succès.

ISBN 2-922770-44-3 2002/112 p.

L'estime de soi, un passeport pour la vie

Germain Duclos

Pour développer des attitudes éducatives positives qui aideront l'enfant à acquérir une meilleure connaissance de sa valeur personnelle. (2e édition)

ISBN 2-922770-87-7 2004/248 p.

Et si on jouait ?
Le jeu chez l'enfant de la naissance à six ans

Francine Ferland

Les différents aspects du jeu présentés aux parents et aux intervenants: information détaillée, nombreuses suggestions de matériel et d'activités.

ISBN 2-922770-36-2 2002/184 p.

Être parent, une affaire de cœur I

Danielle Laporte

Des textes pleins de sensibilité, qui invitent chaque parent à découvrir son enfant et à le soutenir dans son développement.

ISBN 2-921858-74-6 1999/144 p.

Être parent, une affaire de cœur II

Danielle Laporte

Une série de portraits saisissants: l'enfant timide, agressif, solitaire, fugueur, déprimé, etc.

ISBN 2-922770-05-2 2000/136 p.

Famille, qu'apportes-tu à l'enfant ?

Michel Lemay

Une réflexion approfondie sur les fonctions de chaque protagoniste de la famille, père, mère, enfant... et les différentes situations familiales.

ISBN 2-922770-11-7 2001/216 p.

La famille recomposée
Une famille composée sur un air différent

Marie-Christine Saint-Jacques et Claudine Parent

Comment vivre ce grand défi? Le point de vue des adultes (parents, beaux-parents, conjoints) et des enfants impliqués dans cette nouvelle union.

ISBN 2-922770-33-8 2002/144 p.

Favoriser l'estime de soi des 0 - 6 ans

Danielle Laporte

Comment amener le tout-petit à se sentir en sécurité ? Comment l'aider à développer son identité ? Comment le guider pour qu'il connaisse des réussites ?

ISBN 2-922770-43-5 2002/112 p.

Grands-parents aujourd'hui
Plaisirs et pièges
Francine Ferland

Les caractéristiques des grands-parents du 21e siècle, leur influence, les pièges qui les guettent, les moyens de les éviter, mais surtout les occasions de plaisirs qu'ils peuvent multiplier avec leurs petits-enfants.

ISBN 2-922770-60-5 2003/152 p.

Guider mon enfant dans sa vie scolaire
Germain Duclos

Des réponses aux questions les plus importantes et les plus fréquentes que les parents posent à propos de la vie scolaire de leur enfant.

ISBN 2-922770-21-4 2001/248 p.

J'ai mal à l'école
Troubles affectifs et difficultés scolaires
Marie-Claude Béliveau

Cet ouvrage illustre des problématiques scolaires liées à l'affectivité de l'enfant. Il propose aux parents des pistes pour aider leur enfant à mieux vivre l'école.

ISBN 2-922770-46-X 2002/168 p.

Les maladies neuromusculaires chez l'enfant et l'adolescent
Sous la direction de Michel Vanasse, Hélène Paré, Yves Brousseau et Sylvie D'Arcy

Les informations médicales de pointe et les différentes approches de réadaptation propres à chacune des maladies neuromusculaires.

ISBN 2-922770-88-5 2004/376 p.

Le nouveau Guide Info-Parents
Michèle Gagnon, Louise Jolin et Louis-Luc Lecompte

Voici, en un seul volume, une nouvelle édition revue et augmentée des trois *Guides Info-Parents*: 200 sujets annotés.

ISBN 2-922770-70-2 2003/464 p.

Parents d'ados

De la tolérance nécessaire à la nécessité d'intervenir

Céline Boisvert

Pour aider les parents à départager le comportement normal du pathologique et les orienter vers les meilleures stratégies.

ISBN 2-922770-69-9 2003/216 p.

Les parents se séparent...

Pour mieux vivre la crise et aider son enfant

Richard Cloutier, Lorraine Filion et Harry Timmermans

Pour aider les parents en voie de rupture ou déjà séparés à garder espoir et mettre le cap sur la recherche de solutions.

ISBN 2-922770-12-5 2001/164 p.

La scoliose

Se préparer à la chirurgie

Julie Joncas et collaborateurs

Dans un style simple et clair, voici réunis tous les renseignements utiles sur la scoliose et les différentes étapes de la chirurgie correctrice.

ISBN 2-921858-85-1 2000/96 p.

Le séjour de mon enfant à l'hôpital

Isabelle Amyot, Anne-Claude Bernard-Bonnin, Isabelle Papineau

Comment faire de l'hospitalisation de l'enfant une expérience positive et familiariser les parents avec les différences facettes que comporte cette expérience.

ISBN 2-922770-84-2 2004/120 p.

Tempête dans la famille

Les enfants et la violence conjugale

Isabelle Côté, Louis-François Dallaire et Jean-François Vézina

Comment reconnaître une situation où un enfant vit dans un contexte de violence conjugale ? De quelle manière l'enfant qui y est exposé réagit-il ? Quelles ressources peuvent venir en aide à cet enfant et à sa famille ?

ISBN 2-89619-008-2 2004/144 p.